# Körpersprache

## Wahrnehmen, erkennen, deuten

Caroline Krüll und Christian Schmid-Egger

2. Auflage

C.H.BECK

# So nutzen Sie dieses Buch

Die folgenden Elemente erleichtern Ihnen die Orientierung im Buch:

***Beispiele:*** *In diesem Buch finden Sie zahlreiche Beispiele, die die geschilderten Sachverhalte veranschaulichen.*

***Definitionen:*** *Hier werden Begriffe kurz und prägnant erläutert.*

**!** Die Merkkästen enthalten Empfehlungen und hilfreiche Tipps.

**Auf den Punkt gebracht**

Am Ende jedes Kapitels finden Sie eine kurze Zusammenfassung des behandelten Themas.

Wir bedanken uns für die tollen Fotos bei Jenny Sieboldt Fotografie und der Hair- und Make Up Artistin Monique Prägitzer.

Caroline Krüll und Christian Schmid-Egger sind in diesem Buch die Fotomodels.

# Inhalt

# Vorwort

Wir freuen uns sehr, dass dieses Buch bereits seit mehr als fünf Jahren auf dem Markt besteht und inzwischen in die zweite Auflage geht. Die haben wir zum Anlass genommen, den Text zu überarbeiten und einige Bereiche auf den neuesten Stand zu bringen.

Warum ein Buch über Körpersprache? Wir sprechen ständig durch unseren Körper. Mit Mimik und Gestik drücken wir Stimmungen, unsere Meinung sowie Zu- und Abneigung aus. Doch den meisten Menschen ist das nicht bewusst. Der bedeutende Kommunikationsforscher Paul Watzlawick hat herausgefunden, dass die Körpersprache 80 Prozent und das gesprochene Wort nur 20 Prozent ausmacht.

Wenn wir bewusst auf die Körpersprache unserer Gesprächspartner achten, sind wir klar im Vorteil. Wir können damit Gedanken lesen, verstehen, wie unsere Ideen ankommen, oder Störungen im Gesprächsverlauf feststellen und beseitigen.Dies alles ermöglicht es uns, unsere Gespräche erfolgreicher zu gestalten und damit unsere Ziele damit besser zu erreichen.

In diesem Buch zeigen wir Ihnen, wie Körpersprache entsteht und wie Sie sie lesen und verstehen können. Wir geben Ihnen ganz konkret Deutungen der Mimik und Gestik wichtiger Körperregionen an die Hand.

Dieses Buch ist eine Einführung, die Ihnen den schnellen Zugang zur Deutung von Körpersprache bietet. Wenn Sie tiefer in das Thema einsteigen und vor allem erfahren möchten, wie Sie Ihre eigene Körpersprache besser einsetzen können, empfehlen wir Ihnen unseren Beck-Ratgeber „Körpersprache – das Trainingsbuch".

Caroline Krüll und Dr. Christian Schmid-Egger

Berlin, im Januar 2019

# Was ist Körpersprache?

> *Der Fall*
>
> *Karin trifft Manuel auf dem Büroflur. Die beiden begrüßen sich freundlich und sie fragt ihn, wie denn das Gespräch mit dem Chef gelaufen ist. Manuel antwortet mit „Sehr gut". Doch Karin spürt, dass das Gespräch in Wirklichkeit ganz anders gelaufen ist. Sie kann es nur nicht begründen.*

Forscher haben herausgefunden, dass achtzig Prozent unserer Kommunikation nonverbal ist. Das bedeutet, dass wir nur zwanzig Prozent von dem, was wir mit anderen Menschen austauschen, über Sprache und Inhalt austauschen.

Nur zwanzig Prozent! Hätten Sie das spontan geschätzt? Wohl kaum. Denn wir reden ja ständig, wenn wir mit anderen Menschen zusammen sind und tauschen Informationen aus. Wo, werden Sie fragen, bleibt da noch Raum für anderes? Wie kommen diese fehlenden achtzig Prozent überhaupt zustande?

Wir nehmen die nonverbalen Signale ständig war. Permanent registrieren wir Gespräch Signale unseres Gegenübers und verarbeiten sie. Wir achten auf die Körperhaltung, die Mimik oder die Gestik. Aus all dem bauen wir uns ein Bild unseres Gegenübers zusammen und beurteilen unseren Gesprächspartner auch danach. Ja, wir beurteilen sogar den Inhalt des Gesagten, je nachdem, wie unser Gegenüber auftritt. Doch das passiert meist völlig unbewusst.

Dazu gibt es ein interessantes Experiment:

### *Der Auftritt macht's*

*Man zeigte Testpersonen eine Nachrichtensendung im Fernsehen.*

*Im ersten Durchgang verlas eine sympathische, nette und attraktive Nachrichtensprecherin mit fröhlicher Stimme sehr schlechte Nachrichten. Es ging um die Zukunft eines Unternehmens.*

*Im zweiten Durchgang verlas ein unsympathischer, unattraktiver Mann mit schlechter Grundstimmung und düsterer Stimme sehr positive Nachrichten zum selben Thema.*

*Zwei Wochen später befragten die Forscher die Testpersonen, an welche Nachrichtensendung sie sich negativ oder positiv erinnerten. Fast alle gaben an, dass die Sendung mit der sympathischen Sprecherin positiv gewesen war, während sie die andere mit negativem Inhalt abgespeichert hatten.*

Dieses Experiment zeigt sehr deutlich, wie wenig Bedeutung wir dem Inhalt beimessen. In der Beurteilung von Menschen oder Situationen orientieren wir uns vor allem am äußeren Eindruck sowie den nonverbalen Signalen. Doch bei fast allen Menschen passiert das unbewusst. Unsere Sinnesorgane nehmen diese Informationen auf und leiten sie an bestimmte Teile des Gehirns weiter, wo sie verarbeitet werden und zu Reaktionen von uns führen, ohne dass wir dies bewusst wahrnehmen.

Doch dieses unbewusste Handeln beeinflusst uns permanent:

- Menschen, die wir kennenlernen, finden wir spontan sympathisch oder unsympathisch aufgrund unbewusster Signale.

- Wir fällen Kaufentscheidungen danach, ob wir dem Verkäufer vertrauen oder nicht, ebenfalls aufgrund von Informationen auf der unbewussten Ebene.
- Wir regen uns im Meeting über einen Kollegen auf oder brechen gar einen Streit vom Zaun, nur weil er uns unbewusste Signale der Provokation gesendet hat.

> **!** Wir kommunizieren ständig über Körpersprache, auch wenn uns das meist nicht bewusst ist.

Dies ist nur ein kleiner Ausschnitt der Situationen, die uns tagtäglich begegnen und bei denen wir die Entscheidung unserem Unterbewusstsein und nicht unserer Ratio überlassen. Wir tun das im Übrigen ständig und auch bei wirklich wichtigen Entscheidungen.

Wie zudem unser Eingangsbeispiel zeigt, merken wir sofort, wenn Menschen sich verstellen und etwas sagen, was nicht mit ihren Gedanken oder Gefühlen im Einklang steht.

Hinter all dem steht Körpersprache. Unser Körper spricht. Er sendet ständig Zeichen, die der andere dann interpretiert. So entsteht eine Form der Kommunikation, die die meisten von uns kaum registrieren.

Doch wenn wir in der Lage sind, diese Zeichen bewusst zu lesen, haben wir viele Vorteile:

- Wir verstehen, warum wir jemanden gut finden oder ihn ablehnen.
- Wir können Gedanken „lesen", weil sich der Körper häufig sehr spontan und ehrlich äußert, während wir unsere

Sprache bewusst gestalten und das Gegenüber damit sogar täuschen können.

- Wir können auch unsere eigene Körpersprache lesen und verändern. Somit können wir unsere Wirkung auf andere besser kontrollieren.

Dieses Buch will Ihnen zeigen, wie Sie Körpersprache lesen und interpretieren können. Es gibt Ihnen Techniken an die Hand, mit denen Sie lernen, Körpersprache besser als bisher wahrzunehmen, und zeigt Ihnen die Bedeutung verschiedener Zeichen des Körpers auf. Doch zuvor werden wir darstellen, warum wir Menschen überhaupt über die Fähigkeit verfügen, Köpersprache zu nutzen.

**Auf den Punkt gebracht**

- 80 Prozent aller Kommunikation ist nonverbal. Dieser Anteil wird über Körpersprache ausgedrückt.
- Wir entscheiden fast ausschließlich anhand der Körpersprache, ob wir einen Menschen beim ersten Eindruck sympathisch oder unsympathisch finden.
- Wenn wir Körpersprache lesen können, sind wir klar im Vorteil, weil wir mehr über unser Gegenüber erfahren.

# Wie Körpersprache entstanden ist

> *Am Anfang war die Körpersprache*
>
> *Alles begann in der Urzeit. Vor einigen Millionen Jahren begannen unsere Vorfahren, von den Bäumen herunterzuklettern, aufrecht zu laufen und sich in Rudeln mit effizienter Arbeitsteilung zusammenzuschließen. Diese Strategie unserer Vorfahren war so erfolgreich, dass wir heute zum Mond fliegen und Bücher schreiben oder lesen können.*
>
> *Doch am Anfang sah alles noch ganz anders aus. Die Welt war voller Gefahren. Raubtiere lauerten überall, die Artgenossen waren ebenfalls gefährlich und – das war das Entscheidende – anfangs hatten wir noch keine Sprache. Diese entstand erst vor etwa 100.000 Jahren. Manche Forscher datieren den Ursprung einfacher Sprachen jedoch noch früher.*
>
> *In der Zeit davor verständigten wir uns über Körpersprache. Wenn zum Beispiel der Anführer beim Gang durch den Busch einen Feind erspähte, erstarrte er. Die anderen sahen zwar nicht den Feind, aber ihren Chef. Sie erstarrten ebenfalls und bereiteten sich auf den Kampf vor. Wenn der Chef dann erkannte, dass es kein Feind, sondern eine Beute war, veränderte sich seine Haltung in eine Lauerhaltung. Auch diese ahmten alle nach und wussten, dass gleich die Jagd losgeht. Dabei wurde kein Wort gesprochen. Wölfe jagen noch heute so.*

Und heute im Büro? Auch dort funktionieren die Mechanismen aus grauer Vorzeit noch genauso tadellos. Denn die letzten 10.000 Jahre moderne Menschheitsgeschichte, in denen der Homo sapiens von der Höhle und dem Feuer ins Großraumbüro mit Zentralheizung und Laptop wechselte, haben der Evolution nicht ausgereicht, auch nur kleine Änderungen an unserem Verhalten vorzunehmen. Emotional gesehen leben wir noch heute in der Steinzeit. Und in der Steinzeit haben wir überlebt, weil wir in der Lage waren, Körpersprache zu deuten. Körpersprache war nicht nur bei der Jagd wichtig. Vielmehr konnten wir Freunde von Feinden trennen, Stimmungen und Absichten unseres Gegenübers erkennen, unterscheiden, ob er lügt oder die Wahrheit sagt, Konflikte beginnen oder auch wieder beenden und – ganz wichtig – unsere Rang- und Hackordnung in der Gruppe festlegen.

All das tun wir noch heute. Doch es ist den meisten Menschen nicht mehr bewusst, weil wir inzwischen das rationale Denken perfektioniert haben. Schon in der Schule werden kleine Kinder darauf getrimmt, auf Fakten und nicht auf Gefühle zu vertrauen. Von dieser Einstellung ist unser weiteres Leben geprägt.

Doch reine Fakten reichen in Wirklichkeit für die meisten Entscheidungen im Leben nicht aus. Wir müssen wieder lernen, unserem „Bauchgefühl" genauso zu vertrauen wie dem, was Menschen durch Worte ausdrücken.

## Vom Limbischen System zum Großhirn

Um besser zu verstehen, wie Körpersprache funktioniert und warum sie immer noch so wichtig für uns ist, wollen wir mit Ihnen einen kleinen Ausflug in die Welt der Gehirnforschung machen. Hirnforscher haben in den letzten Jahren faszinierende Dinge über die Schaltzentrale in unserem Kopf herausgefunden. Sie können inzwischen auch zeigen, wie wir mit Körpersprache und Entscheidungen wirklich umgehen.

Für die Verarbeitung von Sinneseindrücken und das Fällen von Entscheidungen sind zwei Gehirnteile wesentlich:

- In der **Großhirnrinde** finden alle bewussten Vorgänge statt. Dazu zählen planvolles Handeln, die willkürliche Ausführung von Bewegungen sowie die Analyse von Fakten. Mit dieser Fähigkeit unterscheiden wir uns von allen Tieren, sieht man von Menschenaffen ab, die ihr Großhirn ebenfalls nutzen können.
- Der für unsere Handlungen weitaus wichtigere Teil ist jedoch das **Säugergehirn**, das sog. „limbische System". Dieser Gehirnteil, der tief unten an der Basis des Gehirns direkt über dem Hirnstamm liegt, ist für das gesamte emotionale Empfinden sowie für spontane und unbewusste Handlungen zuständig. Er steuert Lust, Freude, Angst und viele andere Emotionen und sorgt dafür, dass wir zum Beispiel bei Lust anders schauen als bei Angst. Heute weiß man, dass auch andere Gehirnteile am emotionalen Empfinden beteiligt sind. Doch der Einfachheit halber bleiben wir beim Begriff „Säugergehirn" oder „limbisches System".

### *Warum heißt das Säugergehirn so?*

*Das Säugergehirn ist ein sehr alter Gehirnteil, der bereits früh in der Evolution entwickelt wurde. Er existiert bei allen Säugetieren und funktioniert bis heute nahezu unverändert, weil er uns effizient beim Überleben, in einer feindlichen Umwelt hilft.*

## Bauch versus Kopf

Beide Gehirnteile stehen in einem Konkurrenzverhältnis zueinander. Das möchten wir Ihnen an einem Beispiel verdeutlichen.

### *Der erste Eindruck zählt*

*Stellen Sie sich vor, dass Ihnen im Büro eine Person vorgestellt wird, die sich auf eine freie Stelle bewirbt. Als zukünftiger Kollege sollen Sie die Person kennenlernen und Ihrem Chef sagen, was Sie von ihr halten. Sie treffen sich, schütteln sich die Hand und bereits in diesem Moment bekommen Sie ein flaues Gefühl im Magen.*

*Doch dann beginnt die Person zu erzählen, sagt, wie erfolgreich sie bereits war, was sie alles im Leben geleistet hat und wie beliebt sie bei ihren ehemaligen Kollegen war. Insgeheim glauben Sie ihr nicht. Doch nach und nach lassen Sie sich von ihren Worten überzeugen, denken, dass das wohl alles stimmt und geben Ihrem Chef eine positive Rückmeldung.*

*Die Person wird eingestellt. Im Nachhinein gibt es jedoch große Probleme mit ihr und kurz vor Ablauf der Probezeit wird sie fristlos vor die Tür gesetzt.*

Was ist in diesem Erstgespräch genau mit Ihnen passiert? Sie haben viele Sinneseindrücke erhalten. Aussehen, Kleidung, Mimik, Gestik, Tonfall – und natürlich den Inhalt dessen, was gesagt wurde.

**!** Unser unbewusstes Säugergehirn beeinflusst uns ständig und wirkt auch bei wichtigen Entscheidungen mit.

Alle Informationen mit Ausnahme des Inhalts wandern von Ihren Sinnesorganen durch einen Filter direkt in Ihr Säugergehirn. Dort werden sie bewertet und mit Referenzerfahrungen verglichen. Das Säugergehirn speichert nämlich seit unserer Geburt Sinneseindrücke in einer Art dreidimensionaler Datenbank ab. Zusätzlich bewertet es diese Eindrücke nach einem einfachen Prinzip: Es legt fest, ob von diesem Erlebnis Gefahr ausgeht oder nicht. Falls Gefahr damit verbunden ist, hat es zusätzlich eine Handlungsanweisung hinterlegt, die zum Beispiel „Flucht" lautet.

Wenn wir nun auf einen neuen Menschen treffen, sucht das Gehirn in Sekundenbruchteilen seinen Speicher nach einer vergleichbaren Erfahrung ab. Wenn wir in unserem Leben bereits einen ähnlichen Menschen getroffen und mit diesem negative Erfahrungen gemacht haben, kommt sofort eine Warnung. So entsteht im Übrigen auch der berühmte erste Eindruck.

Natürlich kann sich das Säugergehirn auch irren. Doch in unserer evolutionären Entwicklung war es besser, sich einmal mehr zu irren und zu fliehen, als den Höhlenbären für ein Kuscheltier zu halten und gefressen zu werden. Dieses Schema wurde zu einer Zeit entwickelt, in der wir von vielen tödlichen Gefahren umgeben waren und keine Zeit hatten, lange zu überlegen.

Außerdem werden unsere Erfahrungen immer präziser, je älter wir werden. Somit wird auch unser Bauchgefühl immer besser, wenn wir auf uns noch unbekannte Menschen treffen.

Doch es gibt ja auch noch den anderen Weg: Dieselben Sinnesreize und vor allem auch der Inhalt des Gesagten wandern parallel ins Großhirn. Dieses reagiert nicht nach spontanen Eindrücken, sondern analysiert und konstruiert erst einmal. Es bewertet den Inhalt. Mit einer negativen Körpersprache kann es wenig anfangen. Mit Fakten über Erfolge kann es jedoch viel anfangen. Allerdings hat es kaum Möglichkeiten, Täuschungsmanöver zu durchschauen. Also gibt es die Rückmeldung „Der Mensch ist o. k.“. Diese Rückmeldung erfolgt nach etwa drei Sekunden.

Beim Höhlenbären wäre die Rückmeldung „Das ist ein gefährlicher Bär, der dich fressen will“ im Übrigen auch erst nach drei Sekunden aus dem Großhirn gekommen. Doch da sind Sie dank Ihres viel schnelleren Säugergehirns bereits auf der Flucht.

Wenn wir uns also in einem Gespräch oder bei der Beurteilung eines Menschen nicht entscheiden können, liegt das schlicht und einfach daran, dass Ihre beiden Gehirnteile sich nicht einig sind. Gefühlsorientierte Menschen werden dann eher auf ihr Bauchgefühl hören und dem limbischen System nachgeben, während sich analytisch orientierte Menschen eher auf die Fakten verlassen. Untersuchungen haben jedoch ergeben, dass Entscheidungen, die auf dem Säugergehirn basieren, langfristig besser und stabiler sind.

**Auf den Punkt gebracht**

- Unsere Vorfahren haben ihre Fähigkeiten zum Lesen von Körpersprache zu einer Zeit entwickelt, als es noch keine Sprache gab.
- Wir sind vor allem darauf trainiert, Freunde von Feinden zu unterscheiden. Das tun wir unbewusst noch heute.
- Viele Sinneseindrücke werden automatisch im Säugergehirn verarbeitet und beeinflussen unsere Körpersprache und unser Handeln ganz automatisch.
- Das Bauchgefühl ist schneller als unser rationales Denken.

## Die Grundmuster der Körpersprache

Damit Sie künftig nicht mehr ganz so hilflos Ihren beiden miteinander streitenden Gehirnteilen ausgeliefert sind, können Sie lernen, wie Sie die Körpersprache Ihres Gegenübers bewusst lesen. Damit verstehen Sie genau, warum Sie vielleicht eine Warnung vom Unterbewusstsein bekommen oder warum ein Gespräch gerade anders verläuft, als Sie sich das vorstellen.

## Die spontane Körpersprache

Körpersprache lässt sich grob in drei Kategorien einteilen. Der erste Teil der Körpersprache entsteht spontan. Dieser Anteil ist fest in uns verankert und sieht bei jedem Menschen mehr oder weniger gleich aus. Dazu gehören zum Beispiel Lachen oder Weinen.

Lachen ist universell und bedeutet überall auf der Welt dasselbe. Ein Säugling lacht, wenn er gerade die Flasche bekommen hat oder das lachende Gesicht seiner Mutter sieht. Ein Ureinwohner aus dem Urwald in Papua-Neuguinea wird genauso lachen, wenn er sich freut, wie ein Bankangestellter in Frankfurt-City. Beide würden ihr Lachen sogar verstehen, wenn sie sich träfen, auch wenn sie sonst wenig gemeinsam hätten.

! Die spontane Körpersprache wie Lachen ist auf der ganzen Welt gleich.

Genauso wie Lachen gibt es eine Reihe weiterer Verhaltensweisen, die zu unserem Grundprogramm gehören und meist zum Überleben, für die Fortpflanzung oder zur Revierverteidigung dien(t)en. Diese Verhaltensweisen bestimmen noch heute den größten Teil unserer spontanen Körpersprache. Wenn wir diesen Teil lesen und verstehen können, verfügen wir bereits über einen großen Teil des Handwerkszeugs, um die nonverbalen Signale des Körpers zu entschlüsseln.

## Angriff, Flucht und Verstecken

Das wichtigste Grundmuster der spontanen Körpersprache besteht aus einer Reaktion gegen akute Bedrohungen. Denn in früheren Zeiten waren wir vielen körperlichen Gefahren ausgesetzt, die vor allem von Raubtieren, aber auch von feindlich gesinnten Artgenossen ausgingen. Nur wer hier langfristig erfolgreiche Überlebensstrategien entwickelte, überlebte und konnte seine Gene an die Nachkommen weitergeben. Somit stammen wir alle von Überlebenskünstlern ab.

Bei einer Bedrohung folgen wir einem einfachen Grundmuster. Es lautet Angriff – Flucht – Verstecken, und zwar in dieser Reihenfolge. Die Reihenfolge wird dabei immer eingehalten. Ein bedrohter Mensch hat nicht die freie Wahl, was er macht, sondern er wird immer abwägen, wie er seine Interessen und vor allem sein Überleben schützt.

### Angriff

Angriff ist die beste Verteidigung und wird daher stets als erste Option gewählt. Allerdings entscheidet das limbische

System in Sekundenbruchteilen, ob es bei einem Angriff gewinnen oder verlieren kann. Wenn die Risiken zu hoch sind, zum Beispiel wenn der Gegner ein echter Höhlenbär oder ein körperlich deutlich überlegener Mensch ist, entscheidet es sich für die nächste Variante. Doch sobald die Chancen gutstehen, zum Beispiel wenn der Gegner einen Kopf kleiner ist als man selbst, dann ruft das limbische System zu den Waffen.

Ein Angriff besteht jedoch in den meisten Fällen nicht aus blindem Drauflos-Dreschen. Denn auch hier hat die Natur vorgesorgt. Jeder Kampf ist mit dem Risiko verbunden, selbst verletzt zu werden. Das hätte in der Steinzeit leicht tödlich ausgehen können. Daher beginnen Kämpfe in der Regel mit Droh- und Imponiergesten.

Dies ist sehr wichtig für das Verständnis von Körpersprache. Droh- und Imponiergesten als Vorstufen des Kampfes sind gerade im Geschäftsleben sehr häufig. Dort treffen viele Alpha-Männchen und zunehmend auch Alpha-Weibchen aufeinander, die ständig in Kämpfe verwickelt sind. Sie beginnen mit einfachen Drohgesten wie dem Reden mit lauter Stimme, dem sich Aufplustern oder damit, den vermeintlichen Gegner mit anderen Drohgebärden einzuschüchtern. Das Ganze setzt sich dann in zum Teil komplexen Ritualen des Macht- und Statuserhalts fort:

### *Das Büro des Chefs*

*Ein Chefbüro in der 15. Etage mit schweren Ledermöbeln und weitem Blick über die Stadt wird vor allem vom Säugergehirn gefordert und eingerichtet, auch wenn das jeder Chef sofort bestreiten würde.*

## Flucht

Die Flucht folgt nach dem Angriff. Immer dann, wenn das Säugergehirn die Gefahr als zu groß oder den Aggressor als unbezwingbar einschätzt, zieht es vor, den Ort der Gefahr zu verlassen. Der Fluchtreflex ist bei uns sehr ausgeprägt und schützt uns permanent vor verschiedenen kleinen und großen Gefahren. Auch bei der Deutung von Körpersprache ist er sehr wichtig, weil er vieles an unserem Verhalten erklärt.

Menschen, die sich in unangenehmen Situationen befinden, wollen fliehen. Das können Sie von außen leicht sehen. Ein Kind, das Sie wegen einer Verfehlung zur Rede stellen, wird sehnsüchtig zur Tür blicken und irgendwann erst seine Fußspitzen und später seinen ganzen Körper in Richtung eines möglichen Fluchtwegs ausrichten. Ein Mitarbeiter in einem Disziplinargespräch wird genau dasselbe tun.

> **!** Angriff, Flucht oder Verstecken sind elementare Verhaltensmuster, die wir auch im Büroalltag sehr oft beobachten können.

Doch aufgepasst: So wie sich ein in die Enge getriebenes Tier dennoch zu einem Angriff entscheidet, kann auch ein in die Enge getriebener Mensch plötzlich aggressiv werden. Das passiert immer dann, wenn das limbische System die Flucht verbaut sieht. Dann nimmt es eine neue Risikobewertung zwischen den beiden Optionen Angriff und Wegducken vor. Nur werden diesmal die Kosten – das Verletzungsrisiko – anders bewertet, und auch vermeintlich schwache Gegner greifen an. Jetzt wird jedoch nicht mehr geblufft, und aus der Drohgebärde wird schnell Ernst. Das erklärt, warum manche Gespräche plötzlich eskalieren, laut werden und im Extremfall auch in Handgreiflichkeiten enden. Die Großhirnrinde als Bewahrerin der Vernunft ist daran nicht beteiligt.

## Sich verstecken

Sich verstecken oder wegducken ist die letzte Option, die das Säugergehirn in seinem Grundprogramm im Falle eines plötzlichen Angriffs für uns bereithält. Wenn ein Gegenangriff erfolglos scheint und der Fluchtweg verbaut ist, hilft nur noch, sich klein zu machen und sich zu verstecken. Dieses Grundprogramm lässt sich auch bei Tieren beobachten.

> *Jungtiere verstecken sich*
>
> *Junge Antilopen ducken sich ins Gras und bleiben oft stundenlang reglos liegen, wenn die Mutter unterwegs ist.*

Um Körpersprache zu verstehen, ist dieses Verhalten sehr wichtig. Wenn sich Menschen in einem Gespräch unwohl fühlen, machen sie sich häufig klein. Sie fallen in sich zusammen, ziehen die Schultern und den Kopf ein und versuchen, unsichtbar zu werden. Wenn Sie bei Ihrem Gegenüber oder in einer anderen Gesprächssituation so etwas beobachten, können Sie stets davon ausgehen, dass sich Ihr Gesprächspartner höchst unwohl fühlt. Oft hat er auch schon aufgegeben, weil er andernfalls Fluchtsymptome zeigen würde. Auch wer die Hände vor das Gesicht schlägt, will sich in Wirklichkeit verstecken.

Der Extremfall des Versteckens ist die Schockstarre. Dabei wird der gesamte Körper starr und vermeidet jede Bewegung. Damit hofft der Betroffene, vom Räuber übersehen zu werden. Menschen, die sich in Schockstarre befinden, sind in diesem Moment häufig handlungsunfähig und brauchen etwas Zeit, bevor man sie wieder ansprechen kann.

## Schutzreflexe

Sehr ausgeprägt sind Schutzreflexe. Wir kennen das alle. Bevor wir uns stoßen, halten wir noch schnell die Arme vor den Körper. Das geht ganz von allein und kann von uns nicht aktiv kontrolliert werden. Doch unser Unterbewusstsein unterscheidet nicht zwischen echten und eingebildeten Gefahren. Wenn wir eine Strafpredigt vom Chef erwarten, schützen wir uns ebenfalls, indem wir uns zusammenziehen und die Arme vor den Körper nehmen.

Es gibt verschiedene Schutzhaltungen. Üblicherweise legen wir die Beine übereinander, verschränken die Arme vor der Brust, schlagen die Hände vor das Gesicht oder drehen den Körper zur Seite, damit er weniger Angriffsfläche bietet. In einem Gespräch lässt sich leicht beobachten, dass Menschen eine Schutzhaltung einnehmen, wenn sie sich angegriffen fühlen. Nicht immer muss das jedoch mit Ihnen oder mit der aktuellen Situation zusammenhängen. Auch bei einer unangenehmen Erinnerung kann das limbische System mit einer Schutzhaltung reagieren.

## Freude und Sympathie

Auch Freude drücken wir sehr spontan aus. Evolutionsbiologisch steht dahinter die Absicht, sich in einer sozialen Gemeinschaft mitzuteilen und vor allem Möglichkeiten für eine Deeskalation zu besitzen. Am deutlichsten wird das beim Lächeln. Lächeln wird meist vom Säugergehirn gesteuert.

Wir lächeln unwillkürlich, wenn uns etwas gefällt, wenn wir an etwas Schönes denken oder wenn wir selbst angelächelt werden. Wir können natürlich auch bewusst lächeln. Doch es wirkt nur echt, wenn wir uns dabei auch positiv fühlen.

## Situationsbezogene und kulturelle Körpersprache

Neben der spontanen oder primären Körpersprache besitzen wir alle einen weiteren „Sprachschatz", den wir über unseren Körper ausdrücken. Sobald wir denken oder sprechen, begleiten wir unsere Gedanken und Worte meist unbewusst mit Gesten oder durch unsere Mimik. Das ist ein Reflex aus alten Zeiten, als wir noch keine Sprache entwickelt hatten, aber dennoch schon in einer Horde mit anderen Menschen zusammenlebten und uns diesen mitteilen wollten.

Wenn wir an etwas Schönes denken, lächeln wir und entspannen uns. Wenn wir von einem Problem erzählen, ziehen wir unbewusst die Schultern nach vorne, krümmen uns zusammen und bekommen einen leidenden Gesichtsausdruck. Wenn wir etwas vergessen haben, greifen wir uns unwillkürlich an die Stirn.

Wir äußern uns ständig auf diese Weise und teilen unserer Umgebung damit mit, wie wir uns gerade fühlen oder was wir denken. Fühlen wir uns dabei unbeobachtet oder sind wir entspannt, kommen diese Signale recht unbefangen und frei. Sind wir jedoch in einem Gespräch oder in einer Situation, in der wir uns vorsichtig verhalten müssen, schränken wir unsere situationsbezogene Körpersprache ein oder verstellen sie sogar bewusst.

> **!** Wir äußern ständig durch Körpersprache, wie wir uns fühlen.

Allerdings funktioniert das Verstellen nicht besonders gut – vor allem nicht unterhalb des Gesichts. Daher ist diese Art der Körpersprache ebenfalls sehr aufschlussreich, um Menschen zu verstehen und ihre Gedanken zu lesen.

Im Gegensatz zur spontanen Körpersprache, die weitgehend universell ist und bei allen Menschen gleich aussieht, ist die situationsbezogene Körpersprache häufig individuell geprägt. Daher müssen wir bei Menschen erst typische Zeichen für Freude, für Trauer oder für Schock kennenlernen, um deren „Sprache" wirklich zu verstehen.

## Kulturbedingte Körpersprache

Waren Sie schon einmal in Griechenland im Urlaub? Dort können Sie ein interessantes Phänomen beobachten: Wenn Sie dort in einem Laden zum Beispiel nach Briefmarken fragen, wird ein Grieche diese Frage vielleicht mit einer Art Nicken beantworten. Dies besteht darin, dass der Kopf aus einer Grundhaltung heraus kurz und ruckartig nach oben gezogen wird. Im Deutschen würden wir das als Nicken und damit als „Ja" interpretieren – und freuen uns schon auf die Briefmarken.

Im Griechischen heißt es jedoch „Nein". „Ja" gibt es dort in der Körpersprache auch, doch es besteht in einem ruckartigen Drehen des Kopfes nach rechts. Aus unserer kulturellen Sicht würden wir das als Verneinung interpretieren. Nicht gerade erleichtert wird diese körpersprachliche Verwirrung übrigens dadurch, dass das griechische Wort „Nee" auf Deutsch „Ja" bedeutet. Briefmarken bekommen wir in diesem Fall jedenfalls nicht.

In jedem Volk gibt es solche kulturbedingten Zeichen in der Körpersprache. Kinder lernen sie von Anfang an, doch sie haben nichts mit der natürlichen Körpersprache zu tun. Dennoch sollten wir dieses Phänomen berücksichtigen, wenn wir viel mit unterschiedlichen Menschen zusammen sind. Sogar in Deutschland gibt es regionale Unterschiede in der Körpersprache, die vielleicht zu Verwirrung führen können.

**Auf den Punkt gebracht**

- Körpersprache entsteht spontan aufgrund fester Bahnen im Gehirn. Dazu zählen zum Beispiel Lachen oder Weinen.
- Unser wichtigstes spontanes Verhalten besteht aus den drei Mustern: Angriff, Flucht, Verstecken.
- Auch Schutzreflexe wie das Schützen des Gesichts oder des Oberkörpers sind wichtige spontane Gesten.
- Körpersprache kann auch situationsbezogen sein. In diesem Fall trainieren wir uns ein individuelles Verhalten an, das wir jedoch in ähnlichen Situationen immer gleich ausführen.
- Zusätzlich gibt es die kulturabhängige Körpersprache, die vor allem aus bestimmten Gesten oder einer besonderen Mimik besteht. Diese wird oft nur ein einem einzigen Land verstanden.

# Wie Sie Körpersprache lesen können

## Beobachten Sie genau

Gewöhnen Sie sich an, Ihre Mitmenschen genau zu beobachten. Beobachten Sie Menschen, wann immer Sie unterwegs sind. Im Café, im Zug, auf Partys, bei der Arbeit, beim Einkaufen. Besonders spannend wird es, wenn sich zwei oder mehr Menschen unterhalten. Beobachten Sie hier, wie sich die Gesprächspartner verhalten, was sie tun und wie sie sich geben.

Achten Sie dabei auf die gesamte Körperhaltung. Alles ist wichtig: Mimik und Gestik, die Körperhaltung, die Beine, die Füße sowie die Position zweier Menschen zueinander. Wie ist der Abstand? Sind sie eher zu- oder abgewandt? All das verrät uns viel über das Gespräch.

Mit viel Beobachtung schärfen Sie Ihre Fähigkeit, Körpersprache zu erkennen und zu bewerten.

## Bewerten Sie Körpersprache nur im Kontext

Sie können Körpersprache nur im Zusammenhang mit der gesamten Situation deuten!

Wie wir oben bereits beschrieben haben, gibt es die spontane Körpersprache, die bei fast allen Menschen gleich ist. Dazu gehört zum Beispiel Lächeln als Ausdruck von Sympathie, die Arme eng um den Körper zu legen bei Kälte oder Drohgebärden bei einer Bedrohung. Doch die weitaus meisten körpersprachlichen Ausdrucksweisen sind situationsbezogen und können daher sowohl kulturell als auch individuell geprägt sein.

Ein Beispiel dafür ist die Begrüßung,

### *Stolperfallen bei der Begrüßung*

*In unserer Kultur schüttelt man sich meist die Hände. In vielen asiatischen Ländern und arabischen Ländern hingegen ist das unüblich, in Ostasien verbeugen sich die Menschen zum Beispiel voreinander.*

*Doch auch beim Händeschütteln gibt es große Unterschiede. Während in den USA ein rasches und obligates Händeschütteln überall dazugehört, wird Händeschütteln in Deutschland zumindest im privaten Bereich zunehmend als unangebracht empfunden.*

*Noch etwas komplizierter wird es, wenn man nach Frankreich oder nach Südeuropa kommt. Dort ist es vielfach üblich, sich mit Küsschen links und (oder) rechts zu begrüßen. Manchmal sind es auch drei Küsschen, manchmal nur eines. Im Geschäftsbereich schüttelt man sich zwar auch noch die Hände, doch schon im halbprivaten Bereich gibt es schnell mal ein Küsschen – das hat ja auch in Deutschland bereits Einzug gefunden. Beim hohen Vernetzungsgrad der verschiedenen Kulturen und der raschen Veränderung solcher Rituale auch in unserer Kultur sind Missverständnisse daher vorprogrammiert.*

**!** Körpersprache darf nur im Zusammenhang bewertet werden. Ein einzelnes Zeichen kann auf die falsche Fährte führen.

Wenn Sie also anhand der Innigkeit einer Begrüßung auf Ihre Beziehung zum Gegenüber schließen wollen, müssen Sie all diese Besonderheiten berücksichtigen. Daher sollten Sie immer alle körpersprachlichen Informationen mit einbeziehen und nie vorschnell Rückschlüsse auf Menschen ziehen. Dies gilt insbesondere beim ersten Eindruck, auf den wir noch getrennt eingehen werden.

## Achten Sie auf Veränderungen

Beobachten Sie Menschen in bestimmten Situationen und achten Sie dabei vor allem auf Veränderungen.

### *Körpersprachliche Zeichen während eines Gesprächs*

*Wenn Sie zum Beispiel einem neuen Geschäftskontakt oder einem neuen Kollegen zum ersten Mal gegenübersitzen, wissen Sie in der Regel noch wenig oder gar nichts über ihn. Betrachten Sie ihn daher wie ein weißes Blatt Papier und beobachten Sie ihn einfach nur.*

*Im Verlauf des Gesprächs werden Sie zahlreiche Veränderungen bei Ihrem Gegenüber feststellen. Am Anfang ist er vielleicht nervös. Das merken Sie an vielen kleinen Zeichen. Er rutscht hin und her, die Hände sind unruhig, der Blick geht oft zur Tür.*

*Im Verlauf des Gesprächs entspannt er sich jedoch zunehmend und nimmt irgendwann eine ruhige und ausgeglichene Haltung ein. Aus den übrigen Rahmenbedingungen wie dem Gesprächsverlauf und der Art, wie er sich einbringt, können Sie die Haltung des Gegenübers besser verstehen und einordnen.*

*Sie kennen jetzt schon zwei Grundhaltungen Ihres Gesprächspartners, seine nervöse Haltung und seine entspannte Haltung. Wenn Sie genau beobachten, werden Sie diese an vielen kleinen Zeichen festmachen können.*

**!** Achten Sie vor allem auf markante körpersprachliche Veränderungen während eines Gesprächs.

Plötzlich passiert etwas. Sie bringen ein neues Thema ins Gespräch ein und auf einmal spannt sich Ihr Gegenüber an. Er richtet sich merklich auf, seine Augen werden schmal, seine Füße suchen Kontakt zum Boden. Sie nehmen Stress wahr, auch wenn Ihnen das aus dem Gesprächsverlauf vielleicht nicht klar ist. Auch wenn Sie jetzt noch überhaupt nicht wissen, was passiert ist, können Sie allein aufgrund Ihrer Beobachtungen darauf schließen, dass der andere alarmiert ist. Nun geht es darum, durch Fragen oder andere Mittel herauszufinden, was passiert ist.

Auf diese Weise kennen Sie bereits ein drittes körpersprachliches Verhaltensmuster Ihres Kunden oder Kollegen. Dieses Verhalten ist zwar individuell, doch es wird bei diesem Menschen stets in jeder ähnlichen Situation gleich sein.

## Steuern Sie das Gespräch nach der Körpersprache

Mit Ihrem Wissen aus dem ersten Gespräch können Sie alle weiteren führen und steuern. Immer wenn der andere im entspannten Zustand ist, läuft alles gut. Zeigt er Stress- und Alarmsignale, sollten Sie herausfinden, was los ist und ge-

gensteuern. Wird er irgendwann wieder nervös, ist es vielleicht an der Zeit, eine Pause einzulegen oder das Gespräch zum Abschluss zu bringen.

Wenn Sie am nächsten Tag den nächsten Kunden treffen, können Sie wieder genauso verfahren. Doch dort sehen Sie vielleicht in einer identischen Situation völlig andere Verhaltensweisen, die Sie erst wieder neu kennenlernen müssen.

Allerdings können Sie davon ausgehen, dass sowohl der erste als auch der zweite Gesprächspartner stets seine individuellen Symptome in einer entsprechenden Situation zeigen wird.

## Achten Sie auf Zeichenfolgen

Was bedeutet es, wenn Ihr Gesprächspartner die Arme vor dem Körper verschränkt? Nach gängiger Volksmeinung zeigt dieser Mensch seine Ablehnung. Doch stimmt das auch?

Was, wenn es draußen kalt und das Fenster offen ist? Dann werden wahrscheinlich alle Menschen in Ihrem Umfeld die Arme um den Körper legen, einschließlich Sie selbst. Es ist eine typische Reaktion auf Kälte, bei der Sie Ihren Körper schützen.

Wenn Sie sich in einem langweiligen Meeting befinden, können Sie zum Beispiel am frühen Nachmittag feststellen, dass die meisten Teilnehmer zurückgelehnt und mit verschränkten Armen dasitzen. Damit lehnen sie nicht den Moderator ab, sondern schaffen sich einen inneren Ruheraum, um das Mittagessen zu verdauen und den eigenen Gedanken nachzuhängen. Insgesamt sind verschränkte Arme ein Zeichen von Passivität.

Wenn Sie sich also mehr in Meetings einbringen möchten, sollten Sie lieber weiter vorne auf der Stuhlkante sitzen und den Rücken nicht anlehnen.

Dieses Beispiel verdeutlicht ein Problem beim Deuten von Körpersprache: Ein einzelnes Zeichen kann etwas aussagen, muss es aber nicht. Denn es kann auch Zufall sein, oder hat einfach nichts zu bedeuten.

Sie können die Bedeutung von körpersprachlichen Zeichen jedoch herausfinden, indem Sie auf Zeichenfolgen achten.

### *Zeichenfolgen*

*Zeichenfolgen sind mehrere übereinstimmende Merkmale, die auf den gleichen Zustand hinweisen und dann meist eindeutig sind.*

Beurteilen Sie die Körpersprache bitte immer in ihrer Gesamterscheinung.

## Ablehnung als Grund für verschränkte Arme

Wenn Ihr Gesprächspartner Sie ablehnt oder sich in einer bestimmten Gesprächssituation plötzlich von Ihnen zurückzieht, merken Sie das an der folgenden körpersprachlichen Zeichenfolge:

- Arme vor der Brust verschränken
- Zurückweichen oder Zurücklehnen des Oberkörpers
- Heben des Kopfes
- Verengung der Augen
- Stechender Blick

*Abb. 1: Hier bedeuten die verschränkten Arme Ablehnung oder starke Zweifel. Das ist am Gesichtsausdruck und an der angespannten Körperhaltung zu erkennen.*

- Drehen der Füße zur Seite
- Breitbeiniger Stand

Diese Zeichen müssen nicht alle zusammen auftreten, doch schon drei oder vier reichen aus, um sicher zu wissen, dass Sie gerade abgelehnt werden oder Ihr Gesprächspartner sehr deutlich auf Distanz zu Ihnen geht.

## Kälte als Grund für verschränkte Arme

Wenn im Raum Minusgrade herrschen, werden Sie auch ohne Körpersprachebuch wissen, dass alle frieren. Kritisch wird es jedoch bei kühleren Raumtemperaturen, bei denen Sie vielleicht noch nicht frieren, aber empfindlichere Naturen durchaus. Diese können dann auf den ersten Blick aussehen wie Menschen, die Sie ablehnen. Doch die Zeichenfolge ist anders:

- Arme vor der Brust verschränken
- Nach vorne beugen und die Schultern nach oben ziehen
- Beine eng aneinanderdrücken oder beim Sitzen übereinanderschlagen
- Unruhig hin und her gehen oder zumindest die Füße bewegen
- Unruhiger Blick, doch die Aufmerksamkeit ist noch bei Ihnen

Diese Zeichen weisen darauf hin, dass jemand seinen Körper vor weiterem Wärmeverlust schützen will und eigene Wärme erzeugt.

## Vorübergehende Passivität als Grund für verschränkte Arme

In längeren Gesprächen, Meetings, Vorträgen, Kinoveranstaltungen oder bei anderen Anlässen wechseln wir ständig zwischen Phasen der Aktivität und der Passivität. Wenn wir aktiv sind, wollen wir nach außen gehen, haben eine offene und lebhafte Körpersprache und nehmen aktiv am Geschehen teil. Doch manchmal braucht unser Gehirn eine Ruhephase. Dann ziehen wir uns leicht in uns zurück und verschränken dabei meist die Arme. Das hängt nicht mit Ihnen als Gesprächspartner zusammen, sondern entspringt einem individuellen Bedürfnis Ihres Gegenübers, das vielleicht seine Gedanken ordnen oder sonst wie ausspannen will. Die zugehörige Zeichenfolge sieht so aus:

- Arme vor der Brust verschränken
- Beim Sitzen nach hinten lehnen und Beine übereinanderlegen oder lang ausstrecken
- Beim Stehen etwas nach vorne beugen
- Entspannter Gesichtsausdruck
- Aufmerksamkeit weiterhin auf den Gesprächspartner gerichtet

*Abb. 2: Hier bedeuten die verschränkten Arme lediglich, dass die Person sich gerade leicht aus dem Gespräch zurückgezogen hat, weil sie eine kurze Denkpause benötigt.*

Eine Ruhepause ist der weitaus häufigste Grund, warum Menschen die Arme verschränken. Sie können in solchen Momenten auch weiter mit ihnen sprechen. Allerdings sollten Sie vielleicht Ihr Tempo etwas herunterfahren oder zumindest nicht zu viel Aktivität von Ihrem Gesprächspartner erwarten. Denn manche Menschen hören in dieser Stellung auch gerne mal zu.

### Auf den Punkt gebracht

- Um Körpersprache zu verstehen, muss man zuerst lernen, Menschen sehr genau zu beobachten.
- Körpersprache darf nur im Zusammenhang bewertet werden. Ein einzelnes Zeichen reicht nicht aus, um Rückschlüsse über das Denken oder die Absicht der anderen Person zu ziehen.
- Hierfür sind Zeichenfolgen wichtig, also mehrere Zeichen, die dasselbe bedeuten.
- Aufschlussreich sind vor allem Veränderungen in einem Gespräch. Daraus können wir wertvolle Informationen über den Gesprächsverlauf und die Reaktion unseres Gegenübers darauf erhalten.

## Der erste Eindruck

> *Der Fall*
>
> *Susanne geht in die Innenstadt und will sich ein neues Businessoutfit kaufen. In ihrem Lieblingsgeschäft, trifft sie auf eine Verkäuferin, die sie auf den ersten Blick äußerst unsympathisch findet. Woher kommt das?*

Wie dieses Beispiel zeigt, ist der erste Eindruck ganz entscheidend. Treffen wir einen fremden Menschen, „scannen" wir diesen innerhalb weniger Sekunden und bilden uns eine Meinung über ihn. Wie oben bereits ausgeführt, haben unsere Vorfahren diesen Mechanismus ursprünglich als ein Freund-Feind-Erkennungssystem entwickelt. Genauso wie militärische Radaranlagen bei einem Flugzeug erkennen, ob es dem Feind gehört oder ein eigenes ist, wollen wir herausfinden, ob uns unser Gegenüber freundlich oder feindlich gesinnt ist. Das war in früheren Zeiten einmal überlebenswichtig.

Doch unser „Scanner" kann noch viel mehr: Er bewertet Dutzende kleiner Zeichen, vergleicht sie mit abgespeicherten Sinneseindrücken und gibt uns eine schnelle Rückmeldung. Ist das Gegenüber nett und harmlos, entspannen wir uns, ist es undurchsichtig oder wirkt es gefährlich, spannen wir uns an und werden vorsichtig.

Häufig werden wir als Coaches gefragt, ob der erste Eindruck bleibt oder noch verändert werden kann. Die Antwort besteht aus mehreren Teilen.

Beim ersten Eindruck versuchen Sie zuerst, die grundlegenden Charaktereigenschaften eines Menschen herauszufinden: Ist er vertrauenswürdig oder nicht? Ist er sympathisch oder nicht? Wirkt er bedrohlich oder nicht? Diese Eindrücke stehen nach den ersten Sekunden fest. Sie werden sich kaum noch ändern, weil das limbische System hier sehr präzise arbeitet. Ähnlich wie bei der Wahrnehmung der Sprechweise oder der Hautfarbe bleibt der erste Eindruck bestehen. Er kann nur sehr schwer wieder verändert werden.

Allerdings ist wichtig, dass Sie mindestens drei eindeutige und übereinstimmende Signale erhalten, die Sie einer Ihnen bekannten Zeichenfolge zuordnen können, um Ihr Gegenüber vollständig einzuschätzen. Wenn die Zeichen widersprüchlich sind, sind Sie irritiert. In diesem Fall sendet Ihnen Ihr Unterbewusstsein eine Warnung, und Sie werden diesen Menschen so lange aufmerksam beobachten, bis Sie sich eine umfassende Meinung gebildet haben.

**!** Der erste Eindruck entsteht im Säugergehirn und kann nur schwer wieder verändert werden.

Menschen, die Betrügern oder Hochstaplern aufgesessen sind, hatten beim ersten Kontakt häufig ein merkwürdiges Gefühl. Doch sie haben dem nicht nachgegeben, weil die Person „so nette Sachen gesagt hat" oder „einen so schicken Anzug getragen hat". Das limbische System lässt sich durch Kleidung oder Worte nicht austricksen, doch häufig folgen wir dann doch dem fehleranfälligeren Großhirn.

### *Nutzen Sie Ihre Intuition*

*Intuition sind Informationen aus Ihrem Gehirn, die über Ihr Säugergehirn oder Ihr Unterbewusstsein verarbeitet und bewertet werden. Die Intuition ist sehr leistungsfähig und kann vor allem komplexe Situationen besser bewerten als wir das mithilfe unserer Ratio tun, also den Gehirnteil, der für das Denken und bewusste Analysieren zuständig ist. Untersuchungen haben gezeigt, dass Menschen, die sich auf ihre Intuition verlassen, bei komplexen geschäftlichen Entscheidungen erfolgreicher sind als Menschen, die alles nur rational lösen.*

*Um besseren Zugang zu Ihrer Intuition zu finden, sollten Sie in drei Schritten vorgehen:*

- *Werden Sie sensibel dafür, welche Signale Ihnen Ihre Intuition zum Beispiel bei unbekannten Menschen schickt. Die meisten Menschen „überhören" sie nämlich.*
- *Analysieren Sie Ihr Bauchgefühl: Versuchen Sie herauszufinden, warum Ihr Säugergehirn Sie warnt. Alle Zeichen können Sie auch mit Ihrem Bewusstsein wahrnehmen und bewerten.*
- *Wenn Sie Entscheidungen, die Sie aus Ihrer Intuition heraus gefällt haben, im Nachhinein für richtig halten, sollten Sie sich angewöhnen, Ihrer Intuition stärker als bisher zu vertrauen. Es zahlt sich aus.*

Doch der erste Eindruck besteht aus noch mehr: Kleidung, Ausdruck, Manieren, Inhalte bei der Begrüßung beeinflussen uns natürlich ebenfalls. Diese Faktoren bilden quasi die zweite Welle des ersten Eindrucks. Sie wirken sowohl rational-bewusst als auch unbewusst. Diesen Eindruck können wir auch wieder ändern, wenn wir die Person ein zweites Mal in einer anderen Umgebung treffen oder im Verlauf der Zeit besser kennenlernen. Dann schärfen wir den Eindruck und bekommen ein immer besseres Bild von der Person. Doch in der Regel wird es nicht wesentlich vom ersten Eindruck abweichen.

Aus diesem Grund sollten Sie natürlich immer den bestmöglichen Eindruck bei einem ersten Kontakt hinterlassen und hierbei genau auf Kleidung, Manieren, Ihr Äußeres und Ihre Worte achten.

**Auf den Punkt gebracht**

- Der erste Eindruck entsteht in Sekundenbruchteilen.
- Es ist wichtig, beim ersten Eindruck auf die Intuition, auf das Bauchgefühl zu hören.
- Auch Kleidung und Körperhygiene zählen zum ersten Eindruck.

## Der sichere Stand

> *Der Fall*
>
> *Julia ist am Bahnhof und möchte mit dem Zug nach Köln fahren. Sie hat es ein wenig eilig und sucht sich durch die Menge ihren Weg. Plötzlich zuckt sie zusammen. Vor ihr haben sich zwei Männer aufgebaut, die extrem breitbeinig dastehen, schwarze Uniformen tragen und sie kritisch mustern. Sie kommt sich auf einmal klein und eingeschüchtert vor.*

In diesem Kapitel beschreiben wir Ihnen körpersprachliche Zeichen und geben Ihnen dazu eine Deutung. Diese Zeichen stammen vor allem aus der spontanen und teilweise aus der situationsbezogenen Körpersprache. Daher sind manche Zeichen bei jedem Menschen gleich, andere können variieren. Auf jeden Falls sollten Sie die Körpersprache im Zusammenhang mit anderen Inhalten bewerten und außerdem auf Zeichenfolgen achten.

Die Art, wie wir stehen, sagt sehr viel über unsere Befindlichkeit aus. Nachfolgend stellen wir die wichtigsten Standardsituationen dar.

### Breitbeinig stehen

Wer breitbeinig steht, beansprucht mehr Raum für sich. Daher ist dieser Stand eine eindeutige Dominanz- und Imponiergeste. Sie füllt den Raum um die Person aus und beansprucht manchmal sogar Platz, der anderen zustehen würde. Beobachten Sie das einmal in einer vollen U-Bahn.

Auch dort gibt es Menschen, die nicht im Geringsten auf die Idee kommen, ihren Platzbedarf von sich aus zu verringern. Meist spricht sie auch keiner an, weil das Ärger geben könnte. So wirken Signale auf andere.

*Abb. 3: Die Person rechts steht breitbeinig da und schüchtert die Gesprächspartnerin damit ein.*

Menschen, die breitbeinig dastehen, stemmen dazu oft noch die Arme in die Seite oder nehmen eine andere Haltung ein, die ebenfalls viel Platz beansprucht. Der Kopf wird leicht nach oben angehoben. Jetzt präsentiert sich die Person mit der größtmöglichen Fläche, die sie zur Verfügung hat.

Doch der breitbeinige Stand sagt noch mehr aus: Wenn der Stand wie oben beschrieben kombiniert ist mit in die Seite gestemmten Armen und einer entsprechenden Kopfhaltung, ist die Wirkung eindeutig. Dieser Mensch demonstriert seine

Macht und es wäre unklug, mit ihm jetzt Streit anzufangen. Die Haltung finden Sie typischerweise bei Polizisten, bei Soldaten im Einsatz oder bei Türstehern vor Clubs, wie auch das Eingangsbeispiel zeigt.

Doch was bedeutet es, wenn der Betreffende beide Hände schützend vor den Unterleib hält und dabei noch den Kopf senkt? Die entsprechende Person ist unsicher! Sie versucht, die Unsicherheit durch den breitbeinigen Stand wieder auszugleichen und stellt sich stabiler hin. Zudem versucht sie, die Sicherheit dadurch zu erlangen, dass sie mehr Raum einnimmt.

Noch eine weitere Information erhalten Sie in diesem Moment über den betreffenden Menschen. Er ist nämlich von Natur aus keinesfalls ängstlich oder hat ein nur unzureichend ausgeprägtes Selbstbewusstsein. Er ist nur in dieser Situation oder in seiner gegenwärtigen Rolle unsicher. Ein durch und durch ängstlicher Mensch würde sich niemals breitbeinig hinstellen und damit die Umwelt herausfordern, sondern sich ganz im Gegenteil beim Stehen klein machen.

## Beine über Kreuz

Wer einen Menschen sieht, der die Beine beim Stehen überkreuzt, das heißt, einen Fuß so vor den anderen setzt, dass sich die Beine auf Höhe der Knie kreuzen, denkt unwillkürlich, dass der oder diejenige dringend auf die Toilette muss. In diesem Fall können Sie das anhand der übrigen Zeichenfolge überprüfen. Denn eine solche Person hüpft meist noch unruhig hin und her, hat einen unruhigen Blick und Schweißperlen auf der Stirn und hält sich die Hände vor den unteren Teil des Bauches.

Doch meistens ist die Bedeutung dieser Stellung eine andere. Wer mit überkreuzten Beinen dasteht, beansprucht den minimalsten Raum für sich, der überhaupt möglich ist. Man kann das nur noch steigern, wenn man auf einem Bein steht. Eine solche Person macht sich wirklich klein und will möglichst nicht auffallen. Weitere Zeichen, die diesen Eindruck unterstützen, sind brav nach unten gerichtete Augen, eng an den Körper angelegte Hände, die oftmals vor dem Bauch gehalten werden und ebenfalls verdreht wirken. Die Schultern sind nach vorne gezogen, der Brustkorb wird ebenfalls eingezogen, der Kopf ist leicht gesenkt.

Diese Haltung besitzt mehrere Bedeutungen: Die erste ist, dass der betreffenden Person ein großer Fehler unterlaufen und ihr die nun folgende Situation extrem peinlich ist. Hier

*Abb. 4: Wer mit überkreuzten Beinen dasteht (links), wirkt schüchtern und ist wenig durchsetzungsfähig.*

will man sich nur noch verstecken, klein machen und nicht auffallen. Daher können Sie einen solchen Stand auch mal bei Menschen beobachten, die sonst eher selbstsicher wirken. Doch er hält nicht lange an und kann schnell ins Gegenteil verkehrt werden, wenn Sie dieser Person zum Beispiel zu rüde die Meinung über den Fehler sagen.

Doch manche Menschen sind von ihrem Naturell aus sehr ängstlich, schüchtern und unsicher. Sie stehen meistens so da und signalisieren ihre Unsicherheit damit natürlich sehr deutlich gegenüber anderen Menschen. Körpersprachlich kommt diese Botschaft an. Das limbische System möglicher Gesprächspartner registriert das mangelnde „Standing" und nutzt die Situation meist schamlos aus. Sie werden, wahrscheinlich ohne das zu wollen, mit der Person bestimmt und dominant umgehen. Diese Behandlung bestätigt den überkreuzten Menschen in seiner Meinung, klein und unwichtig zu sein, und verstärkt damit sowohl sein inneres Empfinden als auch seine äußere Haltung.

Natürlich wäre das kein vollständiges Körpersprachebuch, wenn wir nicht noch eine dritte Deutung für das Stehen mit überkreuzten Beinen hätten. Diese Möglichkeit geht in eine ganz andere Richtung. Eingangs haben wir ja davon gehört, dass sich Menschen in bedrohlichen Situationen stets für eine Flucht wappnen. Der Blick geht zur Tür, der Oberkörper dreht sich in Richtung des Fluchtweges und die Beine stellen sich breitbeinig hin, um jederzeit lossprinten zu können. Das ist die Fluchtstellung, die bei Beunruhigung eingenommen wird. Das Gegenteil ist der Fall, wenn sich ein Mensch völlig sicher fühlt. Dann verlagert er das Gewicht auf ein Bein, überkreuzt das andere ganz gemütlich und lehnt sich vielleicht auch noch an eine Wand. Aus dieser Haltung heraus könnte er nicht flüchten. Doch er braucht es in seinem sicheren Gefühl heraus auch nicht. Sie können diese Haltung zum Beispiel beobachten, wenn Menschen auf die U-Bahn warten und dabei etwas lesen.

Sprechen Sie eine solche Person unvermutet an, werden Sie feststellen, dass sich die Person sofort breitbeinig hinstellt und strafft. Der Körper bereitet sich auf eine mögliche Flucht vor, weil das limbische System noch nicht weiß, was Sie im Schilde führen. Im Gegensatz dazu würde eine unbekannte schüchterne Person, wenn Sie auf den Bus wartet, die Beine offen lassen, weil sie oftmals in einem latenten Angstzustand vor der Umgebung lebt. Sie würde die Beine dann verschränken, wenn Sie ihr eine Frage stellen, weil sie sich erst im Umgang mit einer anderen Person klein fühlt und erst dann auch klein macht.

Wenn Sie alle diese Facetten berücksichtigen, können Sie Körpersprache sinnvoll lesen und Menschen wirklich verstehen. Sehen Sie jedoch immer den Kontext, und bewerten Sie niemals nur einzelne Merkmale!

## Schulterbreit und aufrecht stehen

Wer schulterbreit steht, strahlt Selbstsicherheit aus. Dieser Stand ist der „Normalstand", den wir einnehmen, wenn wir entspannt sind und weder Angst noch Dominanz zeigen müssen. Dabei ist vor allem entscheidend, wie wir den Oberkörper halten. Manchen Menschen sind stark nach vorne zusammengesunken, ziehen die Schultern zusammen und machen einen krummen Rücken. Der Kopf ist oft gesenkt und der Blick nach unten gerichtet. Das sieht von außen depressiv oder wenig tatkräftig aus. Menschen, die ihre Schultern hingegen zurücknehmen, den Oberkörper dadurch öffnen und den Kopf gerade halten, wirken optimistisch und tatkräftig.

> ***Richten Sie sich auf!***
>
> *Sie können das leicht an sich selbst ausprobieren. Stellen Sie sich dazu aufrecht hin und lassen Sie sich nach vorne zusammensacken. Wie fühlt sich das an? Machen Sie jetzt die Gegenprobe. Richten Sie sich auf, öffnen Sie die Schultern und atmen Sie bewusst und tief ein und aus. Wie fühlt sich das jetzt an? Sie werden einen großen Unterschied feststellen. Außerdem werden Sie zwei bis drei Zentimeter größer, wenn Sie aufrecht durchs Leben gehen.*

Manche Menschen verlagern beim Stehen ihr Gewicht nur auf ein Bein, besonders wenn sie länger stehen. Das ist ebenfalls eine neutrale Art zu stehen, die keine besondere Bedeutung besitzt. Allerdings wirken Sie vor Menschen nicht sehr präsent. Denken Sie bitte daran: Sie wirken. Immer.

## Die Distanzzone

Der Abstand zwischen zwei Menschen ist ein wichtiges körpersprachliches Element. Üblicherweise stehen wir etwa eine Armlänge voneinander entfernt.

Die meisten Menschen achten darauf, diesen Mindestabstand zu einer anderen Person einzuhalten. Doch leider tun dies nicht alle. Es gibt immer wieder Menschen, die diese Distanzzone bewusst oder unbewusst verletzen. Die Folgen können gravierend sein. Meist sind wir so erzogen, dass wir in einem solchen Fall nichts sagen, um ja nicht die Gefühle anderer Menschen zu verletzen. Lieber ertragen wir den unangenehmen Zustand und schwächen uns damit selbst. Denn wir werden massiv abgelenkt sein und können dem Gesprächsverlauf nicht mit derselben Konzentration folgen, wie wir es sonst tun würden.

> **!** Achten Sie darauf, im Gespräch stets den Mindestabstand einzuhalten.

Wenn uns daher jemand zu nahe rückt, ist das ein Mensch, der vielleicht wenig Gespür für Grenzen hat. Diese Eigenschaft wird sich auch im weiteren Kontakt mit ihm bewahrheiten. Achten Sie hier also darauf, dass Sie nicht überfahren werden.

Das Gegenteil ist der Fall, wenn jemand einen zu großen Abstand einhält. In diesem Fall geht er auf Distanz und wird sich Ihnen auch emotional erst einmal nicht annähern.

### *Süd- und Nordländer*

*Beim Mindestabstand gibt es große kulturelle Unterschiede.*

*In der Regel sind Menschen aus den Mittelmeerländern kontaktfreudiger und haben meist einen geringeren Mindestabstand als wir.*

*Menschen aus Skandinavien oder England hingegen legen eher Wert auf einen größeren Mindestabstand und sind distanzierter. Dies schlägt sich auch in der sonstigen Kontaktfreudigkeit nieder. Doch auch hier gilt: Ausnahmen bestätigen die Regel.*

## Auf den Punkt gebracht

- Wer breitbeinig steht, beansprucht viel Platz. Das ist eine Dominanzhaltung.
- Wer die Beine überkreuzt, beansprucht sehr wenig Platz. Diese Haltung steht für Unsicherheit oder Angst.
- Wer schulterbreit und aufrecht steht, strahlt Sicherheit und Souveränität aus.
- Zwischen Menschen besteht eine Mindestdistanz. Diese sollten Sie stets wahren.

# Der Gang

*Der Fall*

*Der Chef überlegt. Wem soll ich die Projektleitung übertragen? Stefanie oder Stefan? Er stellt sich beide noch mal genau vor. Was ihm sofort einfällt: Die beiden haben eine völlig unterschiedliche Art zu gehen – wie er immer wieder bemerkt, wenn die beiden zu Meetings erscheinen. Die Entscheidung fällt ziemlich schnell …*

Die Art, wie wir laufen, sagt sehr viel über uns aus. Menschen laufen dynamisch, präzise, weit ausholend oder lethargisch. Unsere „Gangart" hinterlässt einen Eindruck bei anderen Menschen, wie das Beispiel zeigt. Wer dynamisch läuft, wirkt dynamisch. Solchen Menschen wird häufig auch zugetraut, mehr zu bewegen oder ein Projekt besser bewältigen zu können.

Schauen wir uns dazu zuerst an, wie ein Schritt überhaupt entsteht. Ein einzelner Schritt besteht aus drei Phasen. Wir heben den Fuß, wir tragen ihn ein Stück und wir setzen ihn wieder ab.

## Heben des Fußes

Hier gibt es grundlegende Unterschiede zu beobachten. Manche Menschen heben ihren Fuß beim Laufen sehr deutlich vom Boden ab. Das hinterlässt beim Beobachter ein Gefühl von Leichtigkeit. Solche Menschen scheinen über den Boden zu schweben. Häufig ist das grundlegende Lebensgefühl solcher Menschen auch von Leichtigkeit und Schweben geprägt. Verschonen Sie sie daher mit schweren Themen. Diese Menschen sind oft Visionäre, die nach oben schweben und sich vor allem für neue Ideen begeistern.

Andere Menschen kommen kaum vom Boden weg. Ihr Fuß bleibt stets nahe an der Erde. Im Extremfall erzeugt das einen schlurfenden Gang. Dieser weist auf Schwere im Leben hin. Solche Menschen nehmen sich vieles zu Herzen, leben vor allem im Problem und nicht in der Lösung und sind nur schwer von spontanen und kreativen Ideen zu überzeugen.

## Tragen des Fußes

In der zweiten Phase eines Schrittes wird der Fuß ein Stück getragen und dann wieder abgesetzt. Unterschiede gibt es hier vor allem in der Länge, die der Fuß bewegt wird. Bei den meisten Menschen sind die Schritte mittellang, und der Fuß beschreibt eine einfache Kurve.

Doch manchmal weicht das Gehmuster davon ab. Einige Menschen tragen den Fuß sehr lange in der Luft. Beim Absetzen entsteht dadurch ein kurzes Zögern, der gesamte Gang wirkt zögerlich, unsicher und monoton. Wenn ein solcher Mensch noch seinen Kopf hängen lässt und zu Boden schaut, wirkt er in manchen Fällen traurig und auf jeden Fall introvertiert. Meistens deutet diese Zeichenfolge darauf hin, dass es sich hierbei eher um einen Beobachter als ein Macher handelt. Im Gespräch werden wir nicht allzu viel Initiative von ihm erwarten dürfen.

Die zweite Variante ist der kurze Trippelschritt. Extrem kurze Schritte lassen einen ruckartigen und hastig wirkenden Gang entstehen. Meist ist dieser Gang mit einem ständigen Wechsel der Blickrichtung kombiniert – diese Menschen können ihre Aufmerksamkeit nur schwer länger auf eine Stelle konzentrieren. Auch die Arme und Hände sind oft in Bewegung. Diese Gangart und Zeichenfolge weisen auf einen Menschen hin, der Dinge eher oberflächlich betrachtet und dessen volle Aufmerksamkeit nur schwer erlangt werden kann. Solche Menschen strahlen meist ständige Geschäftigkeit aus, die für andere oft schwer erträglich ist.

## Absetzen des Fußes

Nach dem Heben und Tragen muss der Fuß wieder abgesetzt werden. Manche Menschen machen das mit einem kräftigen „Bumm", das weit zu hören ist. Dieses Zeichen ist eindeutig. „Hier komme ich", „Ich bin wichtig" und „Ich packe es an" ist die körpersprachliche Botschaft hinter einem markanten Aufsetzen.

Kinder stampfen häufig mit dem Fuß auf, wenn sie etwas durchsetzen wollen oder zornig sind. Daher kann diese Geste auch auf einen Menschen hinweisen, der cholerisch ist.

Doch in der Regel handelt es sich einfach um Tatmenschen, die wissen, was sie wollen. Eine solche Gangart kann auch Geradlinigkeit und Bodenständigkeit ausdrücken. Daher findet man sie ganz häufig auch bei Menschen, die vor allen körperlich arbeiten und vom Wert und der Bedeutung ihrer Arbeit überzeugt sind.

Um herauszufinden, welchen der aufgezählten Typen Sie vor sich haben, sollten Sie die übrige Zeichenfolge beobachten:

- Tatmenschen gehen meist mit leicht nach vorne gebeugtem Oberkörper und locker entspannten Armen. Ihr Gang ist trotz des festen Auftritts eher leichtfüßig und schnell, der Blick im Normalfall entspannt und locker.

- Menschen mit einem cholerischen Gemüt wirken hingegen angespannt. Ihre Hände sind häufig sogar beim Laufen zu Fäusten geballt, vor allem wenn sie sich in einer akuten Stresssituation befinden.

Das Gegenteil zum festen Auftritt gibt es natürlich auch. Das sind Menschen, die möglichst leise daherkommen und nicht auffallen möchten. Kleine graue Mäuschen zum Beispiel. Auch hier fällt die übrige Körpersprache auf: Solche Menschen schauen meist unsicher umher, wirken unruhig und machen einen defensiven und manchmal sogar ängstlichen Eindruck. Ihre Arme baumeln oft ziel- und kraftlos am Körper umher. Mit einem solchen Gang werden sie im Business wenig erreichen. Deren Trainingsprogramm sollte daher Übungen zum Erlangen von mehr Selbstsicherheit enthalten.

## Das Lauftempo

Neben der Schrittfolge gibt uns vor allem das Lauftempo eines Menschen erste Aufschlüsse über seinen Charakter. Tatmenschen laufen meist deutlich schneller als Menschen, die eher ausbalanciert sind und Dinge erst einmal beobachten, bevor sie etwas tun. Beobachten Sie Ihre Kollegen einfach in der Kantine oder auf dem Flur beim Gehen. Sie werden erstaunliche Unterschiede feststellen. Auch sich selbst können Sie auf diese Weise einschätzen. Haben Sie Schwierigkeiten, mit den Kollegen mitzukommen, oder sind Sie jemand, der ständig auf andere warten muss? Gerade Führungskräfte stürmen häufig vorne weg und können daher auch in Gruppen schnell erkannt werden.

## Auf den Punkt gebracht

- Der Gang verrät viel über einen Menschen.
- Ein Schritt lässt sich in drei Phasen unterteilen, das Heben, Tragen und Absetzen des Fußes. Festes Aufsetzen erzeugt Wirkung und Präsenz.
- Auch das Lauftempo ist sehr aufschlussreich. Tatmenschen laufen in der Regel schneller als ausbalancierte Menschen.

# Gestik – die Bewegung der Arme und Hände

*Der Fall*

*Melanie und Leo unterhalten sich entspannt in der Kantine. Leo verschränkt beim Reden die Arme. „Der mag mich eigentlich gar nicht", denkt sich Melanie. „Das hab ich doch erst neulich beim Friseur gelesen, dass verschränkte Arme Ablehnung bedeuten …"*

Die Bewegungen unserer Arme und Hände sind ein zentraler Teil unserer Körpersprache. Wir sind sie in der Regel so sehr gewohnt, dass wir kaum noch darauf achten. Dennoch gibt uns die Gestik zahlreiche wertvolle Hinweis auf grundlegende Verhaltensweisen, Stimmungen oder aktuelle Gedanken der Menschen, mit denen wir es zu tun haben. Das gilt auch für die verschränkten Arme oben im Beispiel. Allerdings sollte man sich nie auf ein einzelnes Merkmal verlassen, sondern Körperhaltungen immer im Zusammenhang sehen. Denn sonst passieren – wie im Beispiel – leicht Fehleinschätzungen.

## Schutzreflexe

Das Säugergehirn ist sehr direkt mit unseren Armen verbunden, weil viele Schutzreflexe unseres Körpers über die Arme laufen. Wenn wir im Wald mit dem Kopf gegen einen Ast stoßen, reißen wir reflexartig die Arme hoch, um den Kopf zu schützen. Wenn wir fallen, stützen wir uns instinktiv mit den Händen ab, um den Körper zu schützen. Daher kommen die sogenannten Fallverletzungen der Handgelenke, die leicht brechen können, wenn wir uns beim Ausrutschen nach hinten abstützen. Auch bei Angriffen oder bei Kälte schützen wir unseren Körper und unseren Kopf mit den Armen und Händen.

**!** Handbewegungen werden häufig durch Schutzreflexe ausgelöst. Dies kann in einem Gespräch sehr aufschlussreich sein.

Außerdem drücken die Arme unsere Befindlichkeit sehr unmittelbar aus. Sie sind sozusagen der „verlängerte Arm" der Körperspannung. Plötzliche Muskelanspannungen zum Beispiel sind am Körper nur schwer zu erkennen. Wenn sich der Arm jedoch plötzlich oder ruckartig bewegt, können wir das leicht erkennen.

## Gebärdensprache

Auch als Kommunikationsmittel spielen die Arme und Hände eine zentrale Rolle. So entwickelten die alten Jägerkulturen eine ausgefeilte Gebärdensprache, um sich bei der Jagd geräuschlos verständigen und zum Beispiel eine Jagdstrategie festlegen zu können. Heute nutzen Soldaten oder Taucher ebenfalls eine solche klar definierte Gebärdensprache, um sich lautlos oder unter Wasser zu verständigen.

Die Gebärdensprache Gehörloser ist quasi die Extremform der Kommunikation mittels Gestik. Sie stellt ein Gespräch ohne gesprochene Worte dar.

Auch im Alltag verwenden wir viele Zeichen, die wir kaum noch bemerken: Winken, Stoppen, Zeigen – all das läuft weitgehend automatisch ab. Diese Zeichen werden meist erlernt und irgendwann ganz automatisch genutzt. Manche Zeichen entstehen auch unwillkürlich und waren ursprünglich einmal Schutzreflexe: Denken Sie beispielsweise an das Zuhalten des Mundes bei Schreck.

Vielleicht kennen Sie auch noch den Scherz aus Kindertagen, bei dem Sie einen Menschen, möglichst natürlich einen Erwachsenen, gebeten haben, eine Wendeltreppe „nur mit seinen Worten" zu beschreiben. Fast alle fielen darauf herein, weil sie unwillkürlich eine kreisende Bewegung mit der Hand machten.

Dieser Drang, Dinge auch mit den Händen zu beschreiben, ist sehr tief in uns verankert und wird – losgekoppelt vom Bewusstsein – häufig durch das limbische System ausgelöst. Dieser Trieb kommt aus den Zeiten, als unsere Sprache noch nicht entwickelt war und sich unsere Vorfahren vermutlich über Hunderttausende von Jahren hinweg per Gebärdensprache verständigt haben.

## Normale beim Sprechen

Die Gesten, die den normalen Sprechfluss begleiten, fallen uns kaum noch auf. Wenn sie zum Inhalt der gesprochenen Worte passen und damit authentisch sind, sind sie für die Deutung von Körpersprache zudem relativ unergiebig. Doch spannend sind diejenigen Gesten, die nicht mit den Worten übereinstimmen oder die Ihr Gegenüber macht, ohne dabei etwas zu sagen. Solche Gesten sind sehr aufschlussreich, weil sie uns an der Gedankenwelt unseres Gegenübers teilhaben lassen.

Eine solche Geste kennen Sie bestimmt aus dem Fernsehkrimi. Wenn der Bösewicht seinen Handlanger fragt, ob der Auftrag gut erledigt wurde und dieser wortlos seine Hand mit einer kurzen und knappen Bewegung am Hals vorbei zieht, dann wissen die Zuschauer, dass es um das Opfer nicht gutsteht. Wenn Ihr Chef in einem Disziplinargespräch unwillkürlich dieselbe Bewegung macht, wissen Sie ebenfalls, dass es nicht gut um Sie steht.

Auch Redner auf der Bühne zeigen häufig eine sehr aufschlussreiche Gestik. Was ist, wenn ein Politiker sein tiefstes Bedauern über etwas äußert und seine linke Hand dabei tief in der Tasche seines Jacketts versenkt? Die Lösung erfahren Sie weiter unten, doch mit Versprechungen dieses Politikers sollten Sie in Zukunft etwas vorsichtiger umgehen.

## Emotion und Bewegung

Unsere Arme verraten viel über unsere aktuelle Grundstimmung. Wenn wir fröhlich sind, zeigen wir eine ausführliche Gestik. Dann bewegen wir die Arme viel, machen große Bewegungen und bewegen sie vor allem im mittleren und oberen Teil unseres Körpers. Manchmal heben wir sie sogar über den Kopf. Auch beim Gehen schwingen die Arme meist weit aus und vermitteln einen lockeren und gelösten Eindruck.

> **!** Als Faustregel kann man sich merken, dass immer viel Emotion dabei ist, wenn wir die Arme gegen die Schwerkraft bewegen.

Natürlich gilt das auch für negative Emotionen. Wenn ein Mensch aufgebracht ist, gestikuliert er ebenfalls sehr viel und auch nach oben.

## Anspannung oder Depression

Wenn wir hingegen müde, deprimiert oder angespannt sind, fällt unsere Gestik viel verhaltener aus. Die Arme hängen dann kraftlos am Körper herunter, wir investieren keine Energie in sie. Es ist so, als ob sie von etwas „heruntergezogen" werden. Das ist tatsächlich so, weil das limbische System in solchen Momenten die Spannung im Körper massiv senkt. Dann sind Sie auch geistig nicht besonders leistungsfähig. Auch unsere Armbewegungen werden in diesen Situationen langsamer.

Diesen Unterschied zwischen einer freudigen und einer eingeschränkten Gestik ist natürlich nicht immer deutlich ausgeprägt. Gerade kleine Stimmungsschwankungen können Sie nur bei Personen feststellen, die Sie gut kennen. Doch starke Gefühlszustände stellen Sie sehr leicht fest. Denken Sie nur an die Fans einer siegreichen Mannschaft in einem Fußballstation. Dort reißen alle die Arme hoch und freuen sich über alle Maßen, während die gegnerischen Fans kollektiv die Arme hängen lassen und ihren Frust auch körpersprachlich sehr deutlich zeigen.

**Auf den Punkt gebracht**

- Gesten sind ein zentraler Teil unserer Körpersprache. Viele Gesten stammen aus der spontanen Körpersprache, zum Beispiel Schutzgesten.
- Wenn wir sprechen, begleiten wir unseren Sprechfluss unwillkürlich mit Gesten.
- Unsere Gesten geben Aufschluss über unsere Grundstimmung.

## Aktive Gesten

Menschen begleiten ihr Reden aktiv mit Gesten. Daraus können Sie verschiedene Schlüsse ziehen, egal ob es sich um einen Redner auf der Bühne oder ein Gegenüber im direkten Gespräch handelt. Mit „aktiven Gesten" meinen wir dabei die Gesten, die jemand aus eigenem Antrieb und zur Unterstützung des Gesagten macht. Wie wir weiter vorne bereits geschildert haben, geben authentische und mit dem Inhalt der Worte übereinstimmende Gesten wenig Aufschluss. Sie bestätigen Sie höchstens dabei, den Redner als vertrauenswürdig einzustufen.

### Unpassende Gesten

Spannend wird es, wenn die Gesten nicht mit dem Gesagten übereinstimmen. Wenn ein Redner zum Beispiel von einer einvernehmlichen Lösung spricht, seine Hände dabei jedoch hackende und sehr starke Bewegungen von oben nach unten ausführen, können Sie sicher sein, dass er eher an „zerteilen" als an „einvernehmlich" denkt. Hier drückt die Gestik seine wirklichen Gedanken aus, während seine Worte konstruiert sind.

! Achten Sie darauf, ob die Gesten zum Gesagten passen oder davon abweichen.

Auch wenn ein Redner mit der Faust auf etwas Imaginäres einschlägt, während er von einem harmonischen Miteinander spricht, können Sie davon ausgehen, dass er gerade ganz andere Gedanken hegt. Bei der Deutung dieser Art von Körpersprache lassen Sie sich am besten von Ihrer Intuition leiten.

Auch wenn die Gestik fehlt, wird es interessant. Wenn ein Redner von großen und bedeutenden Ereignissen spricht, seine Körpersprache hingegen sehr ruhig bleibt, stimmt etwas nicht. Sie können davon ausgehen, dass entweder die Ereignisse viel kleiner sind, als der Redner es behauptet, oder er sie selbst zumindest als kleiner einschätzt oder nicht davon überzeugt ist.

## Runde und eckige Gesten

Manche Menschen führen beim Sprechen sehr einnehmende Gesten aus. Diese sind groß, rund und wirken harmonisch. Solche Gesten beruhigen den Zuhörer und schaffen ein Klima des Vertrauens. Auch öffnende Gesten gehören dazu.

Denken Sie an einen Priester, der an bestimmten Stellen eines Gottesdienstes die Arme weit öffnet. Diese Geste schafft eine sehr tiefe Art des Vertrauens. In der Regel werden solche Gesten von Menschen verwendet, die stark gefühlsorientiert sind. Gefühle sind weich, daher wirken auch die Gesten weich.

Wenn Gesten hingegen eckig und abgehackt wirken, ist der Redner jemand, bei dem Verstand und Analyse im Vordergrund stehen. Solche Menschen drücken sich gerne klar und präzise aus, reden nicht um den heißen Brei herum und sind stark durch die Ratio geprägt.

## Gesten im oberen und unteren Körperbereich

### Gesten im oberen Bereich

Menschen, deren Gestik überwiegend im oberen Bereich des Körpers stattfindet, wirken sympathisch und vertrauenerweckend. Je „höher" die Gestik ist, desto positiver kommen Sie in der Regel bei Ihren Gesprächspartnern oder Zuhörern an.

Menschen, die andere wirklich überzeugen können, breiten dabei manchmal sogar beide Arme ganz weit aus oder halten sie sogar nach oben. Das lenkt die Energie und Aufmerksamkeit in die Weite oder in die Höhe. Unser Blick folgt dem und löst im Gehirn positive Assoziationen aus.

### *Die Jesusfigur in Rio de Janeiro*

*Denken Sie auch daran, wie Jesus häufig dargestellt wird. In der berühmten Christusstatue auf dem Corcovado in Rio de Janeiro steht er mit weit ausgestreckten Armen über der Stadt und segnet sie damit. Hier wurde positive Körpersprache sogar in Stein gemeißelt.*

Achten Sie daher darauf, dass sich Ihre Gestik im Gespräch überwiegend im oberen Bereich Ihres Körpers abspielt. Das lässt Sie positiver wirken. Auch wenn Sie vor Menschen sprechen, sollten Sie die Hände nach oben nehmen und zudem weite, ausholende Gesten machen. Damit überzeugen Sie Menschen.

! Animieren Sie Ihr Publikum! Gute Redner animieren Ihr Publikum schon mal dazu, die Arme nach oben zu reißen und laut „Hurra" zu rufen. Das schafft stets eine positive Stimmung, die auf den Redner zurückfällt.

Leider sind die meisten Menschen sehr stark mit negativen Glaubenssätzen und Vorstellungen über das, was erlaubt ist und was nicht, belastet und tun sich schwer, solche Bewegungen spontan mitzumachen. Denn schon im Kindesalter versuchen viele Eltern, den Kindern all das abzugewöhnen, was zur spontanen Lebensfreude und Gefühlsäußerung zählt. „Das gehört sich nicht" bekommen viele Kinder dabei zu hören. Daher wäre es wünschenswert, Kinder darin zu bestärken, wenn sie natürliche Freude spüren. Auch Ihnen selbst empfehlen wir, Ihre Freunde keinesfalls zu unterdrücken, sondern zu leben. Das wirkt sich sowohl auf Sie selbst auch auf Ihr Umfeld sehr positiv aus.

## Gesten im unteren Bereich

Analog zu dem, was wir über die Gesten im oberen Bereich des Körpers geschrieben haben, liegt es auf der Hand, dass Gesten im unteren Bereich ungünstig in ihrer Wirkung auf andere Menschen sind.

Personen, die die Hände viel nach unten halten, wirken in der Tat pessimistisch, negativ oder gehemmt. Das kann aus einer momentanen Stimmung entspringen, zum Beispiel wenn der Gesprächsanlass eher unerfreulich ist. Doch häufig sieht man eine solche Gestik auch bei Menschen, deren Grundeinstellung zum Leben durch Pessimismus geprägt ist.

> **!** Verbessern Sie Ihre Wirkung! Das funktioniert mit ganz einfachen Mitteln. Achten Sie darauf, wo sich Ihre Hände im Gespräch befinden und nehmen Sie sie nach oben. Auch wenn Ihnen vielleicht noch nicht nach den ganz „hohen" Gesten zumute ist und diese natürlich auch nicht immer passen, sollten Sie Ihre Hände im Gespräch oder während einer Präsentation doch zumindest in einem Dreieck zwischen Bauchbereich und Brustbein bewegen. Dabei sind die Unterarme dann rechtwinklig angewinkelt oder werden leicht nach oben gehalten. Damit wirken Sie positiver.

# Hände hinter dem Körper

Jetzt wird es kritisch. Unser steinzeitliches Säugergehirn schlägt sofort Alarm, wenn uns ein Mensch gegenübersteht, der die Hände hinter dem Rücken hält: Denn er könnte ja hinter dem Rücken eine Waffe verstecken.

In diesen Alarmzustand werden wir auch noch heute versetzt, auch wenn die realen Gefahren des Lebens im Vergleich zur Steinzeit deutlich abgenommen haben. Unser limbisches System weiß das nur noch nicht.

Also, vermeiden Sie solche Gesten, wenn Sie Vertrauen erwecken wollen. Vertrauen gewinnen und Hände zeigen gehört eng zusammen. In praktisch jeder Kultur der Welt werden zur Begrüßung die Hände gezeigt. Diese Geste hat überall den gleichen Ursprung: Damit zeigen Sie, dass Sie unbewaffnet sind.

! Wer die Hände hinter dem Rücken hält, löst beim Gegenüber schnell Unsicherheit aus.

Wenn Sie einem Menschen gegenüberstehen, der permanent seine Hände hinter dem Rücken hat, hat dieser Mensch vielleicht wirklich etwas zu verbergen. Davon sollten Sie ausgehen, wenn Sie diese Geste beobachten, und versuchen, durch weitere Zeichen oder durch gezielte Fragen herauszufinden, was es damit auf sich hat.

Allerdings darf man dabei nicht vergessen, dass sich manche Menschen solche Gesten aus uns unbekannten Gründen irgendwann einmal angewöhnt haben und sie später auch ohne aktuellen Anlass einsetzen.

Das limbische System verbindet damit zum Beispiel auch „in Ruhe nachdenken" und veranlasst den Gesprächspartner, immer dann die Hände hinter dem Rücken zu verschränken, wenn er Zeit um Nachdenken braucht.

Achten Sie also wirklich auf den Kontext und die weitere Zeichenfolge, bevor Sie weitreichende Schlüsse über Ihr Gegenüber ziehen. Wir empfehlen Ihnen jedoch, diese Geste im Gespräch stets zu vermeiden.

Sehr kritisch wirken hinter dem Rücken verschränkte Hände jedoch bei einem Redner auf der Bühne. Das darf nicht passieren, weil es dem Zuhörer sehr deutlich signalisiert, dass der Redner etwas verbergen will. Bei Präsentationen und Reden gehören die Hände ohne Ausnahme vor den Körper und in den oberen Bereich.

*Abb. 5: Wer die Hände hinter dem Körper hält (rechts), wirkt distanziert und unter Umständen sogar bedrohlich.*

### *Könige und Bischöfe*

*Verschiedentlich wird die Geste der hinter dem Rücken verschränkten Arme auch als Geste allerhöchster Souveränität interpretiert. Könige, sonstige Herrscher, hochrangige Politiker oder geistliche Würdenträger laufen manchmal so, wenn Sie sich unter das Volk mischen. Ja natürlich, diese Geste demonstriert Souveränität und auch Macht und man kann sie in der Tat in diesem Rahmen deuten.*

*Doch sie zeigt gleichzeitig, dass dieser Mensch nicht wirklich den Kontakt zu seinem Volk sucht. Die Botschaft dahinter ist daher auch eine Botschaft der Arroganz, der Distanz und der Nicht-Verbundenheit. Diktatoren können sich das vielleicht leisten, doch Politiker, die beim Volk ankommen wollen, sollten tunlichst die Hände vor dem Körper lassen. Populäre Machtmenschen tun genau das.*

Hinter dem Körper gehaltene Arme beinhalten noch einen weiteren Aspekt: Wie wir weiter oben geschildert haben, sind unsere alten Schutzreflexe ja immer noch sehr stark ausgeprägt. Bei echten oder gedachten Gefahren halten wir die Arme und Hände meist schützend vor den Körper. Sobald wir in einer latenten Alarmstimmung sind, werden wir unsere Arme daher bereits irgendwo vor den Körper platzieren, um uns schneller schützen zu können.

Doch wenn wir die Arme hinter dem Körper haben, können wir das nicht. Unsere Vorderseite ist dem Feind schutzlos ausgeliefert. Daraus können wir schließen, dass sich ein Mensch, der die Arme hinter dem Rücken verschränkt, in diesem Moment absolut sicher und souverän fühlt. Er sieht in Ihnen keine Bedrohung und zeigt Ihnen das auch. Er nimmt Sie nicht wichtig.

Wenn Sie also mit so einem Menschen sprechen, ist es interessant, wann er die Hände wieder nach vorne nimmt oder sie sogar als Schutz einsetzt. Dann haben Sie es geschafft, ihn aus der Reserve zu locken.

**Auf den Punkt gebracht**

- Sobald die Gesten nicht zum Sprechfluss passen, denken wir anders als wir sprechen.
- Bei Gesten lassen sich runde und eckige Gesten unterscheiden. Runde Gesten sprechen eher das Gefühl an, während eckige Gesten für Verstand und Analyse sprechen.
- Gesten im oberen Körperbereich wirken vertrauenerweckend.
- Gesten im unteren Körperbereich hingegen wirken ungünstig.
- Wenn die Hände hinter dem Rücken gehalten werden, verunsichert das den Gesprächspartner.

## Passive Gesten

Unter „passiven Gesten" verstehen wir all diejenigen Gesten, die wir beim Zuhören machen. Der Übergang ist jedoch fließend, weil wir in einem Gespräch ja ständig zwischen Zuhören und aktivem Sprechen wechseln. Und auch beim Sprechen können wir passive Gesten machen, weil wir vielleicht gerade an etwas anderes denken.

### *Plötzliche Schutzgeste*

*Wenn uns beispielsweise im Gespräch plötzlich einfällt, dass wir am Morgen die Herdplatte angelassen haben, werden wir uns vielleicht mitten im Gespräch die Hand hektisch vor den Mund halten. Das hat dann nichts mit dem aktuellen Gesprächspartner zu tun.*

Auch die passiven Gesten sind sehr aufschlussreich, weil Sie aus ihnen auf die Wirkung Ihrer Worte schließen können und damit einen Einblick in die Gedanken Ihres Gegenübers erhalten.

Passive Gesten gibt es sehr viele. Beobachten Sie Ihr Gegenüber daher im Gespräch sehr aufmerksam, denn aus den passiven Gesten gewinnen Sie wertvolle Hinweise über den Gesprächsverlauf. Natürlich sind nicht nur die Arme und Hände daran beteiligt, doch diese sind besonders aufschlussreich, weil sie meist direkt vom limbischen System gesteuert werden und Sie sie zudem gut sehen können. Gerade beim Sitzen sind die Füße verdeckt und die Bewegungen des Oberkörpers oftmals eingeschränkt.

### *Plötzliche Änderung der Haltung*

*Wenn Sie zum Beispiel einem Kunden Ihr Produkt erklären, dieser anfangs noch sehr offen dastand und dann plötzlich die Arme verschränkt, sollten Sie genau analysieren, was dahintersteckt.*

## Schutzgesten

Manchmal halten Menschen ihre Arme und Hände wie einen Schutz vor den Körper und überkreuzen die Hände beispielsweise etwas unterhalb des Bauches. Wenn Sie ein Mann sind und sich vorstellen, was Sie dort genau schützen, wissen Sie, dass das eine sehr wichtige Region ist. Männer, die ihre Hände schützend vor ihre besten Teile halten, drücken damit sehr deutlich aus, dass sie sich im Moment gerade sehr bedrängt fühlen und ein sehr starkes Schutzbedürfnis haben. Wenn Sie diese Geste bei Ihrem Gesprächspartner beobachten, sollten Sie daher sofort nachforschen, was passiert ist. Beobachten Sie dazu auch die übrige Zeichenfolge, um festzustellen, ob Sie weitere Zeichen erkennen.

Auch hier ist wieder zu beachten, dass es Menschen gibt, bei denen eine solche Geste vom limbischen System „automatisiert" wurde. Sie haben sich daran gewöhnt, sie auch bei minimalen Anlässen zu zeigen – genauso wie sich ein Kleinkind im Extremfall noch jahrelang am Schnuller vergnügen kann, wenn die Entwöhnung im Babyalter nicht funktioniert hat.

## Hände lässig hinter dem Kopf verschränkt

Stellen Sie sich vor, Sie kommen zu einem Menschen ins Büro, der lässig und entspannt in seinem Stuhl sitzt und die Hände hinter dem Kopf verschränkt hat.

Das kann eigentlich nur Ihr Chef sein oder ein Kollege, der schon lange im Unternehmen ist und sich dort durch nichts mehr schrecken lässt. Denn diese Geste symbolisiert eine Mischung aus Dominanz und Lässigkeit.

- Dominanz, weil sich der Betreffende damit sehr breitmacht. Er beansprucht Territorium um sich herum. Menschen, die eingeschüchtert sind, tun das nie.
- Lässig, weil man in dieser Position auch die Schultern öffnet, was automatisch zu einem entspannten Gefühl führt.

*Abb. 6: Diese Haltung wirkt extrem dominant. Die Beine sind weit gespreizt, die Arme hinter dem Kopf verschränkt. Hier wird das Gegenüber leicht eingeschüchtert.*

Wenn Sie also einen solchen Menschen sehen, können Sie davon ausgehen, dass dieser entspannt ist und Ihnen keine Probleme bereiten wird. Sie können also unbesorgt Ihr Anliegen vortragen.

Achten Sie jedoch darauf, was passiert, wenn Sie gesprochen haben. Wie verändert sich die Körpersprache jetzt? Bleibt Ihr Gesprächspartner entspannt oder zeigt er auf einmal andere

Zeichen? Wenn er jetzt die Arme vor den Körper nimmt und sich vorbeugt, wird sich das Gesprächsklima ändern. Die neue Haltung kann für gespannte Aufmerksamkeit stehen, die bei der entspannten Hände-hinter-Kopf-Haltung nicht möglich ist. Das erkennen Sie an der weiteren Zeichenfolge: Der Blick sollte jetzt interessiert sein, der Kopf wird gerade gehalten. Die Arme bleiben weiterhin entspannt.

Doch natürlich können die Zeichen auch auf Konfrontation stehen. Das geht auch in der Hände-hinter-Kopf-Haltung, wenn der Betreffende das Kinn hebt und sie damit quasi von oben herab taxiert. Eventuell lehnt er sich auch noch weiter zurück. Doch sollte sich die Konfrontation verstärken, wird er die Arme auf jeden Fall nach vorne nehmen, um seinem unbewussten Schutzbedürfnis entgegenzukommen. Außerdem werden Sie jetzt angespannte Arme und wahrscheinlich auch eine insgesamt sehr stark angespannte Körperhaltung beobachten.

## Schreckgesten

### *Der Fall*

*Michael kocht! Seine Kollegin hat ihn sehr verärgert und er beschwert sich lauthals bei ihr. Sie fühlt sich völlig überrumpelt und verschreckt und reagiert mit weit aufgerissenen Augen.*

Wenn Menschen die Hände zum Kopf nehmen, können das auch Schreckgesten sein. Was tun Sie, wenn Sie eine Kollegin oder einen Kollegen aus einem Affekt heraus beschimpft haben, es Ihnen jedoch im selben Moment schon wieder leid tut? Wahrscheinlich werden Sie sich spontan den Mund zuhalten. Damit will Ihr limbisches System verhindern, dass das Schimpfwort ausgesprochen wird. In diesem Moment ist es natürlich schon zu spät. Das Wort ist frei, hat seine Wirkung getan und Sie können sich nur noch mit einer Entschuldigung aus der Affäre ziehen.

> **!** Wer sich plötzlich auf den Mund schlägt, wollte vielleicht etwas Wichtiges sagen.

Doch manchmal ist ihr limbisches System schneller. Sie schlagen sich die Hand vor den Mund, ohne etwas gesagt zu haben. Zum Beispiel wenn Sie Ihrer besten Freundin gerade fast ein sehr prekäres Geheimnis verraten hätten. Doch wenn

*Abb. 7: Bei Schreck hält man sich oft unwillkürlich die Hand vor den Mund. Meist will man damit unbewusst verhindern, das Falsche zu sagen.*

Sie die beste Freundin sind und diese Zeilen bereits gelesen haben, dann wissen Sie aus dieser Beobachtung, dass Ihnen gerade etwas Wichtiges entgangen ist. Sie können jetzt also nachbohren, bis Ihre Freundin weich wird und doch noch verrät, mit wem sich der Ex inzwischen trifft.

Im obigen Beispiel ist vor allem die Reaktion der Kollegin interessant, weil sie deutliche Schreckgesten zeigt. Sie reagiert damit sehr unmittelbar und fühlt sich stark bedroht, auch wenn der Anlass vielleicht nur geringfügig ist.

Wenn Sie also zum Beispiel in einer geschäftlichen Besprechung oder einer Verhandlung sehen, wie sich ein Mitglied der Gegenpartei plötzlich die Hand vor den Mund hält, dann wissen Sie, dass es Geheimnisse im Raum gibt. Leider oder auch zum Glück verrät die Körpersprache nicht, welche das sind. Dennoch können Sie diese Information natürlich vielleicht nutzen.

### *Auf die Stirn schlagen*

*Eine weitere auffällige Geste ist das Sich-an-die-Stirn-Schlagen. Die Deutung ist hier sehr einfach: Die Geste meint „Daran hätte ich auch selbst denken können" oder „Jetzt fällt es mir wieder ein". Damit sind jedoch meist keine besonderen Geheimnisse verbunden. Eventuell können Sie in einem Meeting jedoch einen sonst sehr stillen Kollegen, bei dem Sie das beobachten, ermuntern, seine Gedanken zu äußeren. Denn viele Menschen trauen sich in einer größeren Runde nicht zu sprechen. Doch gerade sie haben häufig die guten Ideen.*

Manche Menschen schlagen sich auch mit der flachen Hand auf den Hinterkopf, um, wie sie sagen, „das Denkvermögen anzukurbeln". Wenn diese Geste spontan und unbewusst passiert, mutet sie zwar merkwürdig an, gibt aber doch einen deutlichen Hinweis darauf, dass unser limbisches System sehr genau weiß, wo wir unsere Sinne und Fähigkeiten untergebracht haben.

## Grüblerische Gesten

> *Der Fall*
>
> *Andreas macht sich um jedes Projekt viele Gedanken. Seine Hand am Kinn ist im Unternehmen schon sprichwörtlich. Und Phillip bekommt dabei immer die Krise, weil es so lange dauert, bis Andreas zu einem Ergebnis kommt. „In der Zwischenzeit hätten wir schon längst die Ablage erledigen können", meint er oft.*

Wenn jemand wie im Fallbeispiel dasitzt und sich die Hand ans Kinn hält, kommt den Kunstliebhabern unter den Lesern sicher sofort Rodins großartige Plastik „Der Denker" in den Sinn. Sie symbolisiert in fast perfekter Weise das Bild eines in Gedanken versunkenen Menschen, der die Umwelt um sich herum nicht mehr wahrnimmt. Auffällig ist vor allem die Hand, die das Kinn stützt und der dem Denker einen eindeutig intellektuellen Touch verleiht.

Manchmal präsentieren sich auch Menschen auf Porträtfotos mit dieser Geste. Die zugehörige Zeichenfolge besteht wie bei „Der Denker" dabei in einem nach vorne geneigten Kopf, der entweder durch die Hand getragen oder nur leicht berührt wird.

> **!** Wir möchten von einem Denker-Foto abraten, außer Sie verfolgen damit einen spezifischen und passenden Zweck. Denn diese Geste raubt einem Porträt- oder Bewerbungsbild viel Energie und Dynamik. Ein Denker ist kein Macher, doch ein Macher wird vom limbischen System gefühlsmäßig höher und positiver bewertet.

Anders ist es natürlich, wenn die Geste im Gespräch auftaucht. Dort ist sie ein Anzeichen dafür, dass sich Ihr Gegenüber gerade sehr intensiv mit einem Problem auseinandersetzt oder eine Lösung sucht. Geben Sie ihm in solchen Momenten den nötigen Freiraum, damit sich die Gedanken entfalten können.

Wenn Sie es mit einem Mitmenschen zu tun haben, der diese Geste permanent zeigt, könnte es sich jedoch auch um einen Grübler handeln, der zwar viel nachdenkt, aber dafür wenig Tatkraft bei der Umsetzung von Aufgaben zeigt. In diesem Fall kann die Geste nachteilig sein, wie man am Fallbeispiel sieht. Für einen solchen Eindruck reicht bereits ein halbstündiges Bewerbungs- oder Kennenlerngespräch aus.

## An das Ohrläppchen oder an die Nase fassen

Häufig fassen sich Menschen ans Ohrläppchen, an die Nase oder an den Mund. Wenn wir davon absehen, dass das Ohr auch einfach mal jucken darf, geben diese Gesten Aufschluss darüber, dass sich Ihr Gesprächspartner in diesem Moment mit einem Thema auf der Ebene des jeweiligen Sinnesorgans beschäftigt:

- Wer sich ans Ohr fasst, fragt sich vielleicht, ob er etwas richtig verstanden hat. Sie könnten in einem solchen Fall das Gesagte noch einmal wiederholen.
- Fasst sich Ihr Gesprächspartner an die Nase oder hält er sich diese sogar zu hält, kann er das Gesagte „nicht riechen". Da Worte nicht riechen, ist die Deutung hierzu etwas komplexer: Letztendlich hat Ihr Gegenüber in diesem Moment eine Assoziation zu einem Geruch hergestellt. Diese können Sie natürlich nicht kennen. Doch Sie erhalten einen Hinweis darauf, dass Ihr Vorschlag so vielleicht nicht akzeptiert wird.
- Fasst er sich an den Mund, so nimmt er eine Botschaft gefühlsmäßig an. Das ist gut, denn auf der Gefühlsebene können wir Informationen leichter behalten.

Insgesamt sollten Sie diesen Gesten jedoch nicht allzu viel Aufmerksamkeit schenken und nur darauf reagieren, wenn Sie das Gefühl haben, dass etwas im Gespräch schiefläuft. Denn diese Gesten beinhalten bei der Interpretation alle ein großes Fehlerrisiko, weil sie oft mit spontanen Gedanken des Gegenübers in Verbindung stehen, die nichts mit dem unmittelbaren Gesprächsverlauf zu tun haben. Achten Sie daher vor allem auf weitere Zeichenfolgen.

## Gesten beim Redner auf der Bühne

Haben Sie in der letzten Zeit Politiker bei einer öffentlichen Rede beobachtet? Das Fernsehen bietet Ihnen hier kostenfreies und unerschöpfliches Anschauungsmaterial. Vor allem Gesten spielen dabei eine besondere Rolle, weil der Rest des Redners, besonders die Beine, ja meist hinter dem Rednerpult verborgen sind.

**!** Ein guter Redner kann wichtige Aussagen mit starken Gesten unterstreichen. Doch man sollte damit sparsam umgehen.

Der ausgestreckte Zeigefinger ist eine solche Geste. Er meint „Aufgepasst" und löst sofort eine besondere Aufmerksamkeit beim Zuhörer aus, insbesondere wenn der Redner den Arm dazu wie bei einem Schlag bewegt.

**Auf den Punkt gebracht**

- Passive Gesten passieren im Unterschied zu den aktiven unwillkürlich und verraten vor allem unbewusste Gedanken.
- Wer die Arme verschränkt, hat viele Gründe dafür. Hier ist es wichtig, die übrige Zeichenfolge zu beobachten, um die Bedeutung herauszufinden.
- Aufschlussreich sind auch Schutz- oder Schreckgesten, weil diese unwillkürlich passieren und kaum kontrolliert werden können.

## Was die Hände sagen

*Der Fall*

*Manfred trifft Helmuth bei einem Meeting. Helmuth schüttelt sofort Manfreds Hand. Doch dieser ist verunsichert. Denn Helmuth hat seine Hand sehr merkwürdig gehalten und kaum berührt, irgendwie hatte er dabei ein ungutes Gefühl.*

Unsere Hände sind – neben unserem Gehirn und seinem außerordentlichen Leistungsvermögen – der Teil unseres Körpers, der uns wirklich als Mensch auszeichnet und von fast allen Tieren unterscheidet. Selbst Menschenaffen, die ähnliche Hände wie wir haben, leisten damit nur einen Bruchteil dessen, zu dem wir fähig sind.

Hände eignen sich zum Brotschneiden, zum Schreiben mit einem Stift, zum Bedienen einer Computertastatur, aber auch zum Arbeiten mit einem Uhrmacherwerkzeug, um mit höchster Präzision wenige Millimeter kleine Gegenstände zu bewegen. Sie sind ein biomechanisches Wunderwerk mit Dutzenden von Muskelgruppen und Nerven, die selbst feinste Bewegungen ausführen können.

### *Die verräterische Kameraeinstellung*

*Hände drücken Körpersprache aus. Das wissen inzwischen auch Kameraleute, denn häufig zoomt die Kamera in der schwierigen Phase eines Interviews mit einem Prominenten auf dessen Hände, um die Bewegungen zu zeigen. Mal sieht man dort versteckte Hände, mal ineinander verschlungene Hände, mal hektische Bewegungen mit einem Stift. Natürlich wird nie erklärt, was diese Bewegung im Einzelfall bedeutet. Dennoch erfassen wir viele Grundstimmungen intuitiv, besonders wenn Menschen nervös oder schüchtern sind.*

Was sagen die Hände genau aus? Die Hände sind sehr eng mit dem limbischen System verknüpft und drücken damit Gefühle und Stimmungen sehr unmittelbar aus. Die meisten Menschen können die Gestik ihrer Hände so gut wie nicht kontrollieren. Bei sehr nervösen Menschen klappt das manchmal eine Weile, doch gerade bei längeren Gesprächen oder in schwierigen Phasen eines Gesprächs kehren Menschen sehr schnell zu einer unkontrollierten „Handsprache" zurück. Doch Sie können auch wie beim Händedruck im Fallbeispiel einen Eindruck vermitteln. Dieser kann negativ sein und den weiteren Gesprächsverlauf deutlich stören.

*Abb. 8: So sieht eine offene und freundliche Haltung aus. Die Handflächen sind nach oben gerichtet, die Hände oberhalb der Gürtellinie.*

Beginnen wir bei der Deutung der Hände mit ihren Seiten. Jede Hand hat eine Oberseite, den Handrücken, sowie eine Unterseite, die Handfläche. Wenn Sie früher zu einem fremden Stamm kamen oder heute die Oma besuchen, überreichen Sie Geschenke. Diese bieten Sie oder Ihre Kinder in der Regel mit der geöffneten Handfläche oder zumindest nach oben gedrehten Hand dar. Diese Geste wird von allen Menschen auf diesem Planeten daher als freundlich empfunden. Auch die klassische Willkommensgeste bei Besuchern oder die betende Geste eines Priesters besteht aus zwei ausgestreckten Armen und den sichtbar nach oben gedrehten Handflächen.

Als Faustregel können Sie sich daher merken, dass eine sichtbare Handfläche stets Offenheit, Vertrauen und Freundlichkeit ausdrücken.

Eine umgekehrte Hand, bei der der Handrücken sichtbar ist, demonstriert dem limbischen System hingegen das Gegenteil. Diese Handhaltung wird als verschlossen oder gar als konfrontativ empfunden.

> **!** Zeigen Sie die Innenflächen der Hand, wenn Sie Vertrauen aufbauen wollen.

Die Handhaltung spielt in verschiedenen Situationen eine Rolle. Den ersten Eindruck von einem Menschen erhalten Sie wie oben geschildert in den ersten Sekunden ihres Zusammentreffens. Sie können in den folgenden Gesprächsphasen beobachten, wie die Hand gehalten wird. So ist es sehr aufschlussreich, ob Sie vor allem den Handrücken oder die Handfläche Ihres Gegenübers zu Gesicht bekommen. Es kann natürlich auch sein, dass die Hand versteckt wird. Dazu kommen wir später.

Nach der Begrüßung sitzen Sie mit Ihrem Gesprächspartner häufig am Tisch. Auch hier wird es spannend. Wo sind die Hände? Sichtbar auf dem Tisch? Unter dem Tisch? Auf den Knien? Nahe am Körper? Je stärker die Hände versteckt werden, desto mehr Unsicherheit oder Unklarheit ist beim Gegenüber vorhanden. Menschen, die frei heraus ihre Meinung äußern, nichts zu verbergen haben und mit sich und der Welt im Reinen sind, werden meist auch ihre Hände zeigen. Doch aufgepasst: Nicht jeder, der seine Hände versteckt, hat auch etwas zu verbergen. Unsichere Menschen zeigen ihre Hände ebenfalls nicht. Daher sollten Sie auch hier auf Zeichenfolgen achten und den Gesamttypus Ihres Gegenübers einschätzen. Ein zurückhaltender und schüchterner Typ wird auch seine Hände verstecken.

Wie immer sind auffällige Veränderungen während des Gesprächs interessant: Wenn ein offener Mensch auf einmal die Hände für längere Zeit nicht mehr zeigt, könnte das ein Hinweis auf eine Störung oder einen unausgesprochenen Einwand im Gespräch sein. Seien Sie dafür sensibel.

Bei Menschen, die ihre Hände auf dem Tisch oder zumindest sichtbar zeigen, ist wiederum auch die Handhaltung aufschlussreich. Sichtbare Handflächen zeigen Vermittlung und Kompromissbereitschaft an, Handrücken weisen eher auf harte und konfrontative Gesprächspartner hin. Doch auch hier sind natürlich die übrigen Zeichenfolgen, insbesondere die Oberkörper- und Kopfhaltung sowie die Mimik mit entscheidend. Zudem sollten Sie sich nie durch kurze Eindrücke ablenken lassen, denn wir alle drehen im Verlauf eines längeren Gesprächs die Hände mal kurz um oder strecken sie unter dem Tisch aus.

## Die Faust

Hände können auch zur Faust geballt werden. Mit einer Faust schlägt man zu. Wenn also ein Gesprächspartner mitten im Gespräch auffällig die Faust ballt, hat sich bei ihm eine aggressive Stimmung aufgestaut, die er irgendwie loswerden will. Natürlich finden wir im normalen Business-Gespräch andere Wege als die körperliche Auseinandersetzung. Doch das limbische System weiß das nicht. Daher sind Fäuste sehr aufschlussreich. Nehmen Sie solche Momente daher ernst und versuchen Sie unbedingt herauszufinden, was mit Ihrem Gesprächspartner los ist.

### *Eine Rede mit geballter Faust*

*Manchmal können Sie die geschlossene Faust auch bei Rednern vor Publikum beobachten. Dort ist sie ein gutes Stilmittel, um zum Beispiel die Dringlichkeit einer Situation darzustellen oder die Bedeutung einer wichtigen Forderung zu unterstreichen.*

*Abb. 9: Die Faust ist eine starke Geste. Allerdings kann sie schnell bedrohlich oder ungünstig wirken. Daher sollte man sie nur sparsam einsetzen.*

*Doch auch hier gilt, dass die Faust nur in Maßen eingesetzt und durch vermittelnde Gesten an anderen Stellen der Rede ergänzt werden sollte. Sonst bleibt der Redner beim Publikum als aggressiv und damit negativ im Gedächtnis.*

Im Gespräch in kleiner Runde sollten Sie eine zur Faust geballte Hand eigentlich immer vermeiden. Eine solche Handhaltung steht vor allem für unterdrückte Aggression und wirkt negativ.

Eine Ausnahme ist, wenn Sie mal „mit der Faust auf den Tisch hauen", und zwar nicht im übertragenen Sinn, sondern ganz praktisch, und so, dass es wirklich kracht. Eine passende Situation wäre zum Beispiel ein Meeting, das gerade völlig eskaliert und in dem Sie die Oberhand zurückgewinnen möchten. Hauen Sie jetzt einfach mit der Faust auf den Tisch und rufen laut: „Bitte, Kollegen!". Sie werden erstaunt sein, wie schnell Stille einkehrt. Die meisten Menschen reagieren nämlich sehr schnell auf solche direkten emotionalen Gesten.

Natürlich dürfen Sie das nicht in jedem Meeting dreimal machen, weil Sie sonst als Choleriker gelten und nicht mehr ernst genommen werden. Und: Die Emotionen, die Sie dadurch ausdrücken, müssen echt sein. In einem solchen Moment sollte das Adrenalin in Ihnen ebenfalls pulsieren. Dann nur dann entspringt der Schlag auf den Tisch Ihrer Primärenergie, und das spüren Ihre Kollegen sofort.

## Nervöse Hände

Hände sind der Körperteil, der Nervosität am besten zeigt. Das liegt daran, dass nervöse Menschen überschüssige Energie loswerden müssen, weil sich diese an der Stelle, wo sie eigentlich gebraucht würde, nicht entfalten kann. Also fangen die Hände an, mit sich oder mit einem Gegenstand herumzuspielen. Biologen nennen das auch eine „Übersprungshandlung“. Manchmal werden die Hände dabei zwischen den Oberschenkeln versteckt und die Finger bewegen sich dort hektisch hin und her. Bei Talkshows im Fernsehen sind das dann beliebte Motive der Kameraleute.

**!** Vermeiden Sie nervöse Hände. Diese fallen Ihrem Gesprächspartner sonst sofort auf.

Doch es kann auch vorkommen, dass nervöse Gesprächspartner ganz offen auf dem Tisch mit einem Kugelschreiber oder anderen Gegenständen herumspielen. Sehr auffällig wird es bei Rednern auf der Bühne, wenn diese während ihrer Präsentation nervös ihre Moderationskarten hin und her drehen. Dabei hat ihnen vielleicht ein Präsentationstrainer genau diese Karten für eine sichere Präsentation und gegen den Abbau der Nervosität empfohlen!

In allen Fällen ist den Betroffenen gemeinsam, dass sie nicht mitbekommen, wie nervös sie sind, während alle anderen Beteiligten genau sehen, was die Hände da alles treiben.

Wie können Sie nervöse Hände vermeiden? Am einfachsten ist es, wenn Sie alle Gegenstände, mit denen Sie nervös „herumspielen“ könnten, aus Ihrer Nähe verbannen und die Hände bewusst ruhig halten. Konzentrieren Sie sich darauf, sie zum Beispiel ruhig auf den Tisch oder auf Ihre Oberschenkel zu legen. Wenn Sie die Hände ruhig halten, wirkt sich das oftmals auch positiv auf Ihre innere Anspannung und

Nervosität aus. Beim Stehen können Sie die Hände lose ineinander legen und ruhig vor dem Körper halten. Vermeiden Sie dabei jedoch, die Hände zu verkrampfen.

## Hände in der Tasche

Was empfinden Sie, wenn Sie sich mit einem Menschen unterhalten, der ständig eine oder beide Hände in den Taschen seiner Hose oder seines Jacketts versenkt hält? Bevor Sie weiterlesen, möchten wir Sie bitten, kurz innezuhalten und sich diese Situation vorzustellen. Empfinden Sie das als angenehm und zugewandt oder eher als distanziert?

Interessanterweise liest man immer wieder auch in Körpersprachebüchern, dass Hände in der Tasche ein Ausdruck von Lässigkeit und Coolness sind und Menschen beeindrucken würden. Altbundeskanzler Gerhard Schröder hat diese Geste bemüht wie kein anderer.

Wir möchten diesen Autoren und vielleicht auch Kollegen von uns laut zurufen: „Ihr irrt. Bringt bitte keinem Menschen mehr bei, die Hände während eines Gesprächs oder einer Präsentation in die Tasche zu stecken!" Denn diese Geste wirkt genau andersherum. Daher auch die kleine Übung zu Beginn dieses Kapitels: Wenn Sie in einem solchen Moment wirklich in sich hinein fühlen, werden Sie diesen Menschen als distanziert empfinden. Seine Botschaft wird Sie nicht überzeugen. Sie sind zudem irritiert.

Woher kommt das? Es ist natürlich richtig, dass Menschen mit der Hand in der Tasche lässig und relaxed wirken. Denn, wir erinnern uns, das limbische System prüft ständig, ob die Umgebung Gefahren für uns bereithält. Solange das möglich wäre, halten wir die Hände vor dem Körper, um uns im

Bedarfsfall sofort schützen zu können. Kein Mensch würde zum Beispiel mit Händen in der Hosentasche nachts durch einen Wald rennen.

Wenn wir es uns daher leisten können, unsere Hände inaktiv zu verstauen, müssen wir uns sehr sicher fühlen. Das drückt die Geste aus. Wenn wir also auf diese Weise durch den Garten marschieren und die Blumen betrachten, sind wir vollkommen relaxed und entspannt. Wir könnten jetzt ein lockeres Gespräch über Philosophie oder ein anderes harmloses Thema führen und alles wäre gut.

**!** Hände in den Hosentaschen wirken ungünstig.

Doch sobald wir uns mit einem anderen Menschen unterhalten, benutzen wir die Hände noch zu einem anderen Zweck als zu unserem Schutz. Sie sind ein Kommunikationsmittel, das das Gesagte unterstreicht und zudem unsere Absichten verrät. Wenn es zum Beispiel ein Verkäufer im Gespräch mit einem Kunden noch nicht einmal für nötig hält, die Hände aus der Tasche zu nehmen, signalisiert er dem Kunden damit, dass er ihn für unwichtig und unbedeutend hält. Ein Redner auf der Bühne, der seine Hände nicht zeigt, tut dasselbe. Unbewusst spürt ein Gesprächspartner oder Zuhörer damit eine deutliche Geringschätzigkeit, auch wenn der bewusste Teil unserer Wahrnehmung das ausblendet. Die Botschaft oder Aussage wird damit ebenfalls gering geschätzt und verfehlt einen Teil ihrer Wirkung.

Doch es ist noch gravierender. Die linke Hand heißt auch „Gefühlshand", weil sie mit demjenigen Teil des Gehirns eng verbunden ist, der für Gefühle und Emotionen zuständig ist. Wenn ein Mensch also während eines Gesprächs auffällig oft die linke Hand versteckt, besagt eine gängige körpersprachliche Deutung, dass er in diesem Moment mit seinen Aussagen gefühlsmäßig nicht verbunden ist. Auf gut deutsch ist es ihm egal.

### *So macht sich der Geschäftsführer unglaubwürdig*

*Stellen Sie sich jetzt zum Beispiel den Geschäftsführer eines großen Unternehmens vor, der auf einer wichtigen Betriebsversammlung große Einschnitte verkündet und von Opfern spricht, die gebracht werden müssen. Er betont, wie sehr ihm dies leidtue und wie sehr er mit den Mitarbeitern mitfühle.*

*Gleichzeitig hat er die linke Hand in der Hosentasche versteckt. Diese körpersprachliche Botschaft ist fatal. Denn er signalisiert dabei in Wirklichkeit, dass er nicht mitfühlt und dass ihm die Belegschaft seines Unternehmens vielleicht sogar egal ist. Das spüren die Zuhörer auch. Doch in ihrem Bewusstsein glauben sie seinen Worten.*

*Dadurch entsteht bei ihnen ein widersprüchlicher Eindruck. Sie nehmen die Botschaft ihres Chefs dadurch nicht richtig an und er verschenkt damit einen Teil seiner Wirkung und seine Glaubwürdigkeit.*

*Ganz anders wäre es, wenn er beim Verkünden der schlechten Nachrichten beide Hände offen vor dem Körper hielte und mit seiner Gestik seine Worte begleiten würde. Dies würde beim Publikum einen glaubwürdigen und überzeugenden Eindruck hinterlassen und er könnte auf diese Weise seine Mitarbeiter leichter dazu motivieren, die schweren Zeiten gemeinsam durchzustehen.*

*Abb. 10: Mit offenen und Gesten in der oberen Hälfte des Körpers kann man Vertrauen erzeugen und Menschen für sich gewinnen.*

## Politiker auf der Bühne

Achten Sie einmal auf Politiker, wenn diese eine Rede halten. Das Fernsehen bietet ja reichlich Gelegenheit dazu. Es ist faszinierend zu beobachten, wann und bei wem Hände in Taschen verschwinden und wann die Gestik offen und frei ist. Spüren Sie in solchen Momenten in sich hinein, ob Sie dieser Person jeweils vertrauen und ob Sie sie überzeugend finden. Das ist ein einfacher Test, mit dem Sie leicht herausfinden, wie Körpersprache bei Ihnen ankommt. Leider – das können wir Ihnen hier schon einmal verraten – halten viele Politiker eine oder beide Hände versteckt, wenn sie sprechen.

## Auf den Punkt gebracht

- Die offene und nach oben gedrehte Hand signalisiert Vertrauen und Offenheit.
- Wird der Handrücken gezeigt, bedeutet das Zurückhaltung oder Ablehnung.
- Werden die Hände im Gespräch nicht gezeigt, ist der Gesprächspartner unsicher oder hält etwas zurück.
- Die Faust steht für Aggressivität oder starke innere Spannung.
- Nervosität lässt sich am leichtesten an den Händen erkennen.
- Hände in den Taschen zeigen Distanz.

## Die Kopfhaltung

> *Der Fall*
>
> *Melanie hält stets den Kopf schräg und lächelt nett. Beim Chef kommt sie damit immer gut an. Doch neulich musste sie den Chef in einem Kundenmeeting vertreten und hatte große Probleme, sich durchzusetzen.*

Was sagt unsere Kopfhaltung aus und wie entsteht sie überhaupt? Anatomisch bedingt können wir unseren Kopf in fast alle Richtungen drehen. Wir können ihn nach vorne kippen, bis das Kinn die Brust berührt, ihn nach hinten fallen lassen, bis wir den Hinterkopf im Nacken spüren. Aus diesen Möglichkeiten haben wir uns im Verlauf der Menschheitsgeschichte ein fein abgestimmtes Verhaltensrepertoire zurechtgebastelt, das wir sehr erfolgreich in der zwischenmenschlichen Kommunikation einsetzen.

Dazu kommt noch eine weitere Besonderheit. Der Kopf sitzt auf dem Hals, und der Hals – das ist jetzt erst die Besonderheit – ist unser einziger Körperteil, bei dem lebenswichtige „Versorgungsleitungen" ungeschützt und direkt unter der Haut liegen: Jeweils seitlich am Hals dicht unter der Oberfläche verlaufen sowohl die Halsschlagader, die das Gehirn mit Blut und lebenswichtigem Sauerstoff versorgt, sowie die zugehörige Vene, die den Rücktransport des Blutes zum Herzen übernimmt. Raubtiere, die Beute reißen, versuchen zuerst, den Hals seitlich anzubeißen und eine dieser Adern zu verletzen, weil das Beutetier so am schnellsten stirbt. Auch wir haben durch jahrmillionenlange Auslese gelernt, unseren

Hals zu schützen, zum Beispiel durch ein Hochziehen der Schultern und verstecken des Halses.

Eine weitere sehr sensible Stelle ist der Kehlkopf vorne am Hals, durch den die Atemluft fließt. Schon ein mittelschwerer Schlag von vorne kann zu einer tödlichen Verletzung führen. Auch diese Zone betrachten wir daher als sehr sensibel und schützen sie im Gefahrenfall. Beim Kehlkopf passiert das am leichtesten durch ein Senken des Kopfes. Das knöcherne Kinn fängt dann etwaige Schläge ab.

Soweit die alten Schutzreflexe. Doch wie wirken sie sich auf die heutige Körpersprache aus? Werfen wir noch einmal einen kurzen Blick ins Tierreich, und zwar zu einem Wolfsrudel. Wenn dort zwei Leitwölfe einen Kampf austragen, geht dieser selten tödlich aus. Denn sobald einer der beiden Kämpfer feststellt, dass er den Kampf nicht gewinnen kann, gibt er auf. Dazu dreht er dem siegreichen Wolf seine Kehle oder die offene Halsseite zu. Dieser könnte nun hineinbeißen, tut es aber nicht, weil ihn eine Beißhemmung davon abhält. Genau dieser Reflex, der wohl stammesgeschichtlich sehr alt ist, wirkt auch in uns Menschen weiter. Wir erkennen und verwenden instinktiv Gesten für Sieg und Unterwerfung.

Schauen wir uns die einzelnen Kopfgesten der Reihe nach an. Wie bereits im Fallbeispiel geschildert, ist der schräg gehaltene Kopf ein sehr starkes Signal an das Gegenüber. Das sehen wir auch im nächsten Beispiel.

## Unterwerfung – den Kopf schräg zur Seite kippen

### *Der Fall*

*„Ist die Kleine wieder süß", seufzt Tante Gisela voller Inbrunst, wenn sie ihre Nichte Emma besucht und ihr wieder eine Tüte voll Süßigkeiten zusteckt.*

Was hat die kleine Emma wohl gemacht, um süß zu wirken? Ganz einfach, sie hat mit ihren Kulleraugen gerollt, lieblich gelächelt und – ganz wichtig – den Kopf schräg gestellt. Mit dieser Geste erweicht man die Tante, die Eltern und alle anderen Erwachsenen gleich mit. Kleine Kinder lernen diese Zeichenfolge ganz schnell. Das wichtigste Zeichen dabei ist der schräg gestellte Kopf. Er signalisiert Unterwerfung. Das

*Abb. 11: Ein schräg gehaltener Kopf signalisiert Unterwerfung.*

hebelt nicht nur die Tante aus, sondern auch strenge Väter, die versuchen, das Kind zu weniger Süßigkeitenkonsum zu erziehen.

### *Mit Gesten aus der Kindheit erfolgreich*

*Szenenwechsel. Dasselbe Kind, zwanzig Jahre später. Emma ist inzwischen zu einer erwachsenen Frau herangereift. Nennen wir sie Emma Blume. Sie sitzt gerade im Meeting und versucht, ihre Ideen an den Mann zu bringen. Auch dort hält sie den Kopf schräg, lächelt und macht dabei Kulleraugen. So wie sie es als Kind gelernt hat. Denn es funktioniert immer noch.*

Ein schräg gestellter Kopf ist eine Unterwerfungsgeste. Wie wir oben schildern, lernen Kinder schnell, damit bei Erwachsenen ihre Ziele durchzusetzen. Denn er löst so ähnlich wie beim Wolf eine Art Beißhemmung aus, die den Erwachsenen dazu veranlasst, den Wünschen des Kindes nachzugeben.

In vielen Fällen behalten jedoch auch erwachsene Menschen diese Geste bei, weil sie manchmal funktioniert und Vorteile bringt. Zum schräg gestellten Kopf neigen vor allem Frauen, Männer sind da eher die Ausnahme.

> **!** Wer den Kopf schräg hält, will sich unterwerfen. Vermeiden Sie diese Geste, wenn Sie etwas durchsetzen möchten.

Menschen, die den Kopf schräg halten, setzen also auf den Unterwerfungs- und Kinderbonus. Entweder signalisieren sie damit echte Schwäche oder sie haben sich diese Geste antrainiert, um ihre Ziele damit besser durchzusetzen. Leider klappt das überall dort nicht mehr, wo man sich wirklich durchsetzen muss.

## Den Kopf nach vorne oder nach hinten neigen

Menschen, die den Kopf nach vorne neigen, bringen sich aktiv ins Geschehen ein. Sie zeigen damit entweder Angriffslust oder erhöhte Aufmerksamkeit. Aufgrund der übrigen Zeichenfolge können Sie entscheiden, was der Fall ist. Angriffslust ist meist kombiniert mit anderen Dominanzgesten wie einem breitbeinigen Stand und in die Hüften gestemmten Armen. Erhöhte Aufmerksamkeit ist meist mit einem Öffnen der Augen, einem leicht geöffneten Mund und einer offenen Körperhaltung kombiniert.

Im Gegensatz dazu klinken sich Menschen, die den Kopf nach hinten zurücknehmen, aus dem Geschehen aus oder signalisieren damit Zweifel oder Überraschung. Diese Geste ist meist mit einem Zurücknehmen des Oberkörpers verbunden. Immer wenn Sie das in einem Gespräch sehen, sollten Sie darauf eingehen und nachfragen, was gerade beim anderen passiert ist.

## Den Kopf heben

Wer seinen Kopf hebt, wirkt schnell arrogant. Er blickt von oben auf seine Mitmenschen herab. Dieser Eindruck entsteht vor allem, wenn diese Geste zu einer Dauergeste entwickelt ist oder in bestimmten Gesprächssituationen auftritt. Wir empfehlen, sie zu vermeiden und den Kopf gerade zu halten.

## Auf den Punkt gebracht

- Die Kopfhaltung wird vor allem durch Schutzreflexe bestimmt. Kehle und Hals (seitlich) sind empfindliche Stellen.
- Wer den Kopf schräg zur Seite kippt, ordnet sich unter.
- Ein vorgestreckter Kopf signalisiert Angriffslust oder aktive Teilnahme.
- Der Blick von oben herab wirkt arrogant.

# Die Mimik

## Die Augen

> *Der Fall*
>
> *Christoph schaut seinem Gegenüber fast nie in die Augen, sondern hält seinen Kopf fast immer gesenkt. Verbirgt er etwas? Lügt er sie an, werden sich seine Kollegen vielleicht in solchen Momenten fragen.*

Im nächsten Kapitel unseres kleinen Körpersprachelexikons widmen wir uns dem schwierigsten Teil. Wie Sie feststellen konnten, haben wir uns in den vorangegangen Kapiteln von den Füßen bis zum Kopf vorgearbeitet. Jetzt fehlt nur noch die Mimik.

Auch die Mimik ist natürlich ein wichtiges körpersprachliches Instrument, das uns viel über die Gedanken und Befindlichkeiten unseres Gegenübers verrät.

Wie das Beispiel oben zeigt, irritiert es uns sehr, wenn ein Mensch die ganze Zeit auf den Boden schaut. Doch wir haben im Laufe unseres Lebens auch gelernt, Menschen zu täuschen. Täuschen und Lügen lernen wir zuerst über der Sprache. Wenn ein Kind zu lügen versucht, sehen wir das meist recht schnell an der Mimik oder anderen verräterischen Gesten. Denn diese ist viel schwerer zu beherrschen als die Sprache. Doch auch täuschen über die Mimik lernen Kinder schnell.

### *Wie Kinder täuschen lernen*

*„Schau nicht so" oder „Mach mal ein fröhliches Gesicht" hört man manche Mütter und Väter immer wieder sagen. Wenn ein Kind missmutig oder traurig schaut, hat es jedoch meist einen Grund dafür. Wenn wir als Erwachsene diesen Grund nicht beseitigen, sondern nur möchten, dass das Kind nicht zeigt, dass es traurig oder missmutig ist, halten wir es dazu an, sich zu verstellen. Manche Kinder lernen das schon früh und perfekt. Trotz ungeliebter Tante, unangenehmem Besucher oder schlecht schmeckendem Essen – das Kind setzt ein „Keep-smiling"-Gesicht auf.*

Je älter ein Mensch ist, desto schwerer fällt die Deutung seiner Mimik. Gerade Menschen, die viel lügen, beherrschen ihre Mimik recht gut. Es gibt Menschen, die lächeln, auch wenn sie ihr Gegenüber in Wirklichkeit hassen. Es fällt jedoch sehr viel schwerer, die übrige Gestik zu verstellen. Aus diesem Grund sollten wir insbesondere die Mimik mit Vorsicht bewerten und stets die übrige Zeichenfolge mit beachten.

**!** Achtung bei der Mimik! Vielen Menschen fällt es leicht, sich zu verstellen.

Doch natürlich erlaubt auch die Mimik wertvolle Rückschlüsse auf die Befindlichkeit Ihres Gegenübers. Als Faustregel gilt, dass die ersten Reaktionen auf neue Ereignisse sehr aufschlussreich sind. Meist fangen wir uns sehr schnell wieder und kehren zur beherrschten Mimik zurück, wenn wir etwas Neues erfahren. Doch in den ersten Sekunden nach einer neuen Botschaft sind wir vollauf damit beschäftigt, diese zu verarbeiten, und können die Mimik überhaupt nicht beherrschen.

> *Verräterische Mundwinkel*
>
> *Wenn ein neuer Mitarbeiter im Meeting das Wort ergreift und die Mundwinkel des Marketingchefs in diesem Moment kurz und verächtlich zucken, bevor er wieder zum unverbindlichen Dauergrinsen zurückkehrt, wissen Sie als Beobachter, dass er den Neuen nicht schätzt.*

Woraus setzt sich die Mimik eigentlich zusammen? Gut sichtbare Zeichen kommen vor allem von den Augen, der Nase und dem Mund. Die Ohren spielen in diesem Zusammenhang beim Menschen meist kaum noch eine Rolle, während sie bei manchen Tieren sehr ausdrucksstark sein können.

## Die Augen

„Die Augen sind der Spiegel der Seele" – sie sind eines unserer wichtigsten Organe, wenn es um die Sprache und den Ausdruck des Körpers geht. Wenn wir einen Menschen treffen, schauen wir ihm zuerst in die Augen. Nichts irritiert uns so stark wie ein abgewandter Blick in einem Gespräch. Und über den Blick steuern wir Aufmerksamkeit, Dominanz und das Verhalten anderer Menschen.

Was gibt es an den Augen überhaupt alles zu sehen? In erster Linie sind die Augen unser wichtigstes Sinnesorgan, das Lichtimpulse aus unserer Umwelt über die Rezeptoren in der Netzhaut, die sich an der Rückwand des Augapfels befindet, in Nervenimpulse umwandelt. Diese Nervenimpulse gelangen über den Sehnerv ins Gehirn und werden dort nach einem komplexen Filtervorgang in Bilder verwandelt, die unsere Wahrnehmung von der Wirklichkeit bestimmen. Wir „sehen" also gar keine Bilder, sondern alle Bilder werden im Gehirn aus elektrischen Impulsen erzeugt. Diese Tatsache sollten wir uns – im wahrsten Sinne des Wortes – ab und zu vor Augen halten, auch um uns bewusst zu machen, welchen vielschichtigen Täuschungen unser Sehsinn dadurch unterliegen kann.

Vor der Netzhaut, die unser eigentliches Sehorgan darstellt, befinden sich mehrere Mechanismen, die unser Auge schützen und die die Menge und die Art des Lichts beeinflussen, die ins Auge und damit bis zum Gehirn vordringen können. Die Veränderungen dieser Schutzfilter können wir bei unserem Gegenüber beobachten und daraus zahlreiche Rückschlüsse über dessen Gedanken ziehen.

## Die Pupille

Beginnen wir bei der Pupille. Sie ist das Schwarze im Auge und besteht aus einer Öffnung, die durch einen feinen Muskelring vergrößert oder verkleinert werden kann. Bei einer Kamera entspricht die Pupille der Blende.

Wenn sie weit offen ist, fällt viel Licht ein. Meist ist das der Fall, wenn es dunkel ist. Dann benötigt das Auge viel Licht, um etwas zu erkennen. Gewisse Drogen oder Medikamente rufen diesen Effekt ebenfalls hervor.

Wird es außen heller, verengt sich die Pupille, um das Augeninnere vor zu viel Licht zu schützen. Gleichzeitig nimmt dabei die Sehschärfe – ähnlich wie bei einer Lochkamera – zu, weil die kleinere Pupillenöffnung einen schärferen Lichtstrahl erzeugt.

Hier wird es zum ersten Mal spannend. Wenn sich bei Ihrem Gegenüber während eines Gesprächs und bei gleichbleibenden Lichtverhältnissen auf einmal die Pupillen verengen, will er etwas schärfer sehen. Er will Details oder hat ein Problem zum Beispiel mit etwas, das Sie gesagt haben. Diese Pupillenbewegungen werden ausschließlich über das Säugergehirn gesteuert – wir können sie nicht bewusst beeinflussen. Sobald die Pupillen weiter werden, entspannt sich Ihr Gesprächspartner wieder. Große Pupillen wirken auf uns übrigens sympathisch und vertraut.

*Belladonna*

*Früher machten sich das die feinen Damen des Hofes zunutze, indem sie sich Belladonna, einen Extrakt der Tollkirsche, in die Augen träufelten. Es lähmt den Pupillenmuskel und weitet damit die Pupillen, was einen geheimnisvollen und gleichzeitig vertrauten Gesichtsausdruck zaubert. Der Preis dafür war eine gewisse Unschärfe in der Wahrnehmung, weil die Augen nicht mehr fokussieren können. Das gleiche Mittel verwendet der Augenarzt, wenn er Ihren Augenhintergrund untersuchen will.*

## Schließen der Augen

Der zweite Schutzmechanismus der Augen sind die Augenlider. Mit ihnen schützt sich das Auge vor Licht, Schmutz und anderen Fremdkörpern. Auch wenn wir schlafen, schließen wir die Augen und verhindern damit, dass uns äußere Einflüsse stören. Sehen können wir dennoch, zum Beispiel im Traum, was ein weiterer Beweis dafür ist, dass alle Bilder nur „virtuell" in uns erzeugt werden.

*Abb. 12: Zusammengekniffene Augen zeigen, dass sich die Person auf Details konzentriert und andere Einflüsse abschirmen will.*

Die Bewegungen der Augenlider sind ebenfalls sehr aufschlussreich bei der Deutung der Mimik. Auch hier steht die biologische Bedeutung, nämlich die Schutzfunktion, an erster Stelle. Will uns unser limbisches System vor äußeren Einflüssen schützen, wird es zuerst einmal die Augen schließen oder zumindest die Öffnung verkleinern. Dieser Schutz ist primär gegen Licht, Staub und Fremdkörper gedacht. Doch es kann auch ein Schutz vor psychischen Bedrohungen sein. Denn unser limbisches System unterscheidet nicht, welche Art Bedrohung auf uns zukommt, sondern es reagiert einfach.

Wenn Ihr Gesprächspartner also auf einmal die Augenlider zusammenkneift oder sich seine Augen verengen, weist das stets auf Stress oder eine unangenehme Empfindung bei ihm hin. Sie haben ihn in diesem Moment vielleicht verärgert oder irritiert. Gleiches kann auch passieren, wenn eine dritte Person den Raum betritt, Ihr Gesprächspartner kurz hinschaut und sich dabei seine Augen verengen. In diesem

Fall können Sie ziemlich sicher sein, dass er diese Person nicht mag.

Es gibt jedoch wie beim Pupillenreflex auch eine zweite Bedeutung des Verengens der Augen: Auch hier fokussiert sich der Blick auf ein Detail, das in der Ferne liegen kann oder nur in den Gedanken des Gesprächspartners existiert. Den Unterschied können Sie an der übrigen Zeichenfolge erkennen:

- Bei Unbehagen wendet sich die Person meist ab, schließt die Augen kurz oder zeigt andere Zeichen der Ablehnung.
- Beim Fokussieren hingegen erhöht sie ihre Aufmerksamkeit, beugt sich vielleicht vor oder schiebt zumindest den Kopf vor.

Wenn sich eine Person in einem wichtigen Gespräch auf diese Weise fokussiert, sollten Sie auf der Hut sein. Denn auch jetzt kann etwas schieflaufen. Vielleicht passt ein Detail nicht. Oder die Person ist auf ein Problem aufmerksam geworden, das Sie übersehen haben.

## Weiten der Augen

Die Augen können sich auch weit öffnen – zum Beispiel vor Schreck. In diesem Moment will das Auge so viele Informationen wie möglich erhalten und öffnet die Pupillen ganz weit. Zwar sieht es dann unscharf, doch auch vor einem unscharfen Säbelzahntiger rennt man besser weg. Hier ist keine Detailfokussierung mehr nötig. Beim Öffnen der Augen werden meist auch die Augenbrauen mit angehoben.

Einen richtigen Schreck erkennen Sie sehr deutlich. Die zugehörige Zeichenfolge besteht in den gerade beschriebenen weit aufgerissenen Augen, einer kurzen Schockstarre oder einem Zurückweichen des ganzen Körpers und einem Zurücknehmen der Arme. Häufig dreht die Person ganz kurz danach die Füße zur Tür oder in eine andere Fluchtrichtung. Damit bereitet sich das limbische System auf eine schnelle Flucht vor.

Doch manchmal fällt der Schreck nur verhalten aus. Zum Beispiel wenn der Kunde das Kleingedruckte liest oder der Personalchef in Ihrem Bewerbungsschreiben auf eine lange Lücke im Lebenslauf stößt. Dann weiten sich vielleicht nur die Augen, während der übrige Körper unter Kontrolle bleibt.

Achten Sie daher in einem Gespräch vor allem auf die Größe und den Zustand der Augen und Pupillen. Hieraus erhalten Sie die wertvollsten körpersprachlichen Zeichen des Gesichts, weil wir die Augen praktisch nicht willentlich beeinflussen können.

Die zweite Bedeutung der großen und offenen Augen ist Sympathie, Zuneigung oder Wohlwollen. Wenn sich eine Frau die Augen schminkt, vergrößert sie damit ihre Augen, um sympathischer zu wirken.

Auch hier verfolgt das limbische System eine ähnliche Absicht wie beim Erschrecken: Es will dem Gehirn möglichst viele Informationen zukommen lassen – in diesem Fall positive Informationen. Da es sich sicher wähnt, verzichtet es auf jeden Schutz für die Augen und öffnet sie weit. Im Unterschied zum Erschrecken, bei dem sich die Augen meist nur sehr kurz weiten, um sich dann zu verengen und auf das Problem zu fokussieren, bleiben sie im entspannten und harmonischen Zustand die meiste Zeit über offen und groß. Sie sind dabei nicht ganz so weit aufgerissen wie bei dem

Schreck, den ein Säbelzahntiger oder in der heutigen Zeit eher der Chef auslöst, der plötzlich und unerwartet um die Ecke biegt.

Natürlich gibt auch die übrige Zeichenfolge Auskunft darüber, wie es um die Stimmung steht. Bei entspannten Menschen sehen Sie das stets auch an der übrigen Körperhaltung.

> ***Was bedeuten große Augen beim Flirten?***
>
> *Auch beim Flirten können Sie an den Augen Ihres Gegenübers gut erkennen, woran Sie gerade sind. Wenn Ihr Date große Augen macht, ist alles im grünen Bereich. Doch wehe, die Augen verengen sich. Dann sollten Sie Ihre letzten Worte oder Taten nochmals kritisch überprüfen. Denn irgendetwas ist schiefgelaufen.*

## Das Blinzeln der Augenlieder

Forscher haben herausgefunden, dass sich unsere Blinzelfrequenz immer dann erhöht, wenn wir unter Stress stehen. Leider sagt uns das schnelle Blinzeln nicht, woher der Stress kommt. Vielleicht sind wir mit etwas unzufrieden. Oder wir lügen. Oder wir stehen unter Anspannung, weil wir gleich etwas Wichtiges tun müssen. Oder ein Mensch hat den Raum betreten, der uns in Stress versetzt. Es kann jedoch auch sein, dass wir einfach nur verwirrt sind.

Wenn Sie also an einem Gesprächspartner wahrnehmen, dass er auf einmal schneller blinzelt als zuvor, wissen Sie einfach nur, dass bei ihm gerade etwas passiert. Sie wissen aber nicht, was. Das müssen Sie jetzt herausfinden, indem Sie die übrige Körpersprache aufmerksam beobachten und natürlich auch auf die Inhalte achten, über die gesprochen wird. Vielleicht reicht es schon, einfach das Thema zu wechseln.

> ***Nervöser Redner oder Lügner?***
>
> *Wenn ein Redner auf der Bühne beispielsweise stark blinzelt, kann es sein, dass er einfach nur unter Stress steht, weil er aufgeregt und wenig geübt im öffentlichen Reden ist.*
>
> *Wenn er jedoch zu Beginn seiner Rede sehr ruhig war und nur bei bestimmten Passagen blinzelt, dann stressen ihn diese Teile seiner Rede. Vielleicht ist es für ihn ein schwieriges Thema, vielleicht lügt er auch. Oder er wurde durch einen Zwischenruf verwirrt.*

## Der Blick

„Schau mir in die Augen, Kleines" ist wohl eines der bekanntesten Filmzitate, gesprochen von Humphrey Bogart zu Ingrid Bergman in dem Filmklassiker *Casablanca.* Natürlich entspricht dieser Machospruch nicht mehr der heutigen Vorstellung von Political Correctness. Und doch weist er auf das elementarste Kommunikationsmittel hin, über das wir verfügen: Nichts ist stärker als ein Blick, und das nicht nur in der Liebe. In unzähligen Romanen findet sich der Hinweis auf den Blick. „Sie schauten sich lange in die Augen" oder „Sein Blick verriet mir mehr als tausend Worte". Auch bei der Arbeit spielen Blicke ständig eine Rolle: Kollegen, Chef oder Kunde blicken uns an und wir blicken zurück.

Daher schauen wir uns den Blick einmal genauer an. Der Blick besteht aus zwei Elementen. Wir nutzen ihn vor allem, um damit Kontakt zu einer anderen Person aufzunehmen. Doch er verrät uns noch viel mehr – die Blickrichtung gibt zum Beispiel Einblick in die Gedanken Ihres Gegenübers.

> **!** Der Blick ist im Gespräch oder beim Präsentieren das wichtigste Steuerungsinstrument, das wir haben.

Fangen wir mit dem Blick als Steuerungselement an. Wenn Sie sich mit einem Menschen unterhalten, schauen Sie sich dabei normalerweise in die Augen. Natürlich nicht die ganze Zeit, doch die Pausen sind meist nur ganz kurz. Im Regelfall dienen sie dazu, sich vorübergehend abzuschirmen, zu entspannen und seine Gedanken wieder neu zu sammeln. Wenn wir den Blick in die Augen einer anderen Person gerichtet haben, sind wir meist hoch konzentriert.

## Der Blick als Machtinstrument

Der Blick kann ein Machtinstrument sein. Vielleicht kennen Sie das Spiel, bei dem man sich so lange in die Augen sieht, bis einer wegschauen muss. Wenn Sie es mit einer höherrangigen oder dominanteren Person, als Sie selbst es sind, zu tun haben, passiert genau das Gleiche: Wenn diese Person etwas durchsetzen oder sich ihrer Macht versichern will, schaut sie Sie kurz an. Sobald Sie den Blick senken oder zur Seite richten, signalisieren Sie damit, dass Sie sich unterwerfen. Die Sache ist erledigt. Wenn Sie dem Blick jedoch in einer solchen Situation standhalten, wird der andere aufsatteln. Er wird jetzt vermutlich verbal angreifen oder anders versuchen, seinen Machtstatus zu sichern. Oder er schaut weg und Sie bekommen später unangenehme Aufgaben zugewiesen.

### *Der Boxkampf*

*Auch aus dem Sport kennen wir das Ritual des „In-die-Augen-Starrens". Vor einem Boxkampf beispielsweise gibt es immer diese Szene, bei der sich die beiden Kontrahenten gegenüberstehen und sich oft minutenlang in die Augen schauen. Auch wenn dieses Ritual ziemlich inszeniert wirkt, ist es in diesem Moment für die beiden Boxer echt. Sie messen ihre Kräfte schon einmal mental. Natürlich verliert dabei nie einer, weil sich hier stets zwei extreme Alphamännchen gegenüberstehen. Manchmal artet das „Blickmessen" auch in ein verbales Duell oder selten – und dann zur Freude der Medien – in einem körperlichen Kräftemessen aus, was zeigt, wie viel Dynamik in diesem harmlosen Spielchen steckt.*

*Menschen, die sich im normalen Leben prügeln, messen vorher im Übrigen oft auch ihre Kräfte per Blick. Und wenn dabei einer nachgibt und nach unten schaut, verhindert das oft die körperliche Auseinandersetzung.*

## Der abgewandte Blick

Ein Mensch, der den Blick abwendet, will sich instinktiv schützen. Seine Augen sollen nicht zu viel sehen oder zu viele und vielleicht unangenehme Sinneseindrücke in das Sehzentrum vorlassen. Wir wenden uns ab, wenn wir etwas Schlimmes sehen, wenn wir einer Situation ausweichen wollen oder wenn uns eine Situation sehr unangenehm ist.

In manchen Situationen wenden wir uns so deutlich ab, dass der ganze Körper mit einbezogen wird. Wir drehen uns weg, was sehr auffällig ist. Doch das Abwenden kann auch sehr subtil erfolgen und nur durch eine kurze Augenbewegung ausgedrückt werden. Daher ist es auch hier wieder wichtig, auf solche kurzen und subtilen Zeichen zu achten. Diese kann ein Mensch kaum kontrollieren, und sie sagen sehr viel über die wirklichen Gefühle und Empfindungen in einem solchen Moment aus.

Natürlich gibt es auch hier wieder Zeichenfolgen, mit denen der Körper das Abwenden unterstützt. Am auffälligsten ist es, wenn ein Mensch die Hände vor die Augen hält. Dann will er sich komplett abschirmen. Das passiert zum Beispiel in Momenten großer Trauer oder großen Leids. Hier will jemand mit sich alleine sein und schützt seine Augen. Eine solche Bewegung kann jedoch auch passieren, wenn Sie sich plötzlich daran erinnern, dass Ihr Küchenfenster offensteht, aber gerade ein Gewitter heranzieht, während Sie im Büro sitzen. Auch dann können Sie in eine spontane Krise geraten und ihr limbisches System will Sie schützen.

Im Businessgespräch erleben wir manchmal kurze Momente, bei denen sich der Gesprächspartner eine Hand vor die Augen hält. Auch das gibt einen Hinweis darauf, dass er sich in diesem Moment abschirmen will, weil er etwas Unangenehmes denkt oder hört. Auch das kann ein Zeichen für Sie sein, dass das Gespräch eine schwierige Wendung nimmt.

Doch es gibt noch andere Gründe, warum jemand den Blick abwendet. Dahinter kann auch Scham oder Unsicherheit stecken. Wir haben eben ja den dominanten Blick geschildert. Wenn Sie jemanden auf diese Weise fixieren und diese Person den Blick senkt oder zur Seite dreht, schützt sie sich damit vor Ihrer aggressiven Angriffsenergie. Bei einem echten Machtkampf wird daraus sicher ein hartes Blickduell. Doch Menschen, die sich schwächer fühlen oder denen es an Selbstsicherheit mangelt, neigen sehr schnell dazu, den Blick zu senken. Das offenbart dann häufig eine persönliche Schwäche oder Unsicherheit. Menschen, die Scham empfinden, wenden ebenfalls den Blick ab.

## Die Blickrichtung

Können Sie am Blick eines Menschen erkennen, ob er lügt? Nein, ganz so einfach geht es leider oder auch zum Glück nicht. Doch Sie können an der Blickrichtung erkennen, in welchem Teil des Gehirns die Gedanken weilen, während sich ein Mensch mit Ihnen unterhält. Wenn die Blickrichtung dann nicht mit dem Inhalt übereinstimmt, wird es spannend. Denn dann liegt es durchaus im Bereich des Möglichen, dass Sie Ihr Gegenüber doch bei einer Lüge ertappen können.

Bestimmt ist Ihnen schon einmal aufgefallen, dass die Augen eines Gesprächspartners immer wieder mal in die rechte oder linke Ecke des Auges und dort entweder nach oben oder nach unten wandern? Manchmal geschieht das nur für eine Sekunde, doch manchmal bleiben die Augen auch viel länger in dieser Position.

Das passiert nicht zufällig. Die Augen folgen nämlich unbewusst dem Bereich im Gehirn, in dem gerade eine Aktivität stattfindet. Und Sie als Beobachter können so herausfinden, was Ihr Gesprächspartner gerade denkt.

*Abb. 13: Beim Blick nach rechts oben konstruiert die Person normalerweise etwas.*

Dabei werden vor allem drei Gehirnaktivitäten unterschieden. Ein Mensch kann

- sich erinnern,
- etwas konstruieren und
- sich in einem inneren Dialog befinden und mit sich selbst ein wichtiges Thema ausdiskutieren.

### *Die pinkfarbene Katze*

*Denken Sie ganz spontan an eine pinkfarbene Katze! Jetzt wandern Ihre Augen (aus Ihrer Sicht) nach rechts oben. Dort liegt das Zentrum für Konstruktion. Ihr Gehirn muss die pinkfarbene Katze konstruieren, weil es in Wirklichkeit keine pinkfarbenen Katzen gibt.*

*Machen Sie jetzt die Gegenprobe und denken Sie an die lila Milka-Kuh. Vermutlich werden Ihre Augen jetzt in die linke obere Ecke wandern. Dort liegt Ihr virtuelles Zentrum für Erinnern. Und lila Milka-Kühe gibt es „in echt", sowohl im Fernsehen als auch auf der Schokoladenpackung. Sie haben diese also mit Sicherheit bereits häufiger in Ihrem Leben gesehen und können sich daran erinnern.*

*Doch wenn Sie nicht wissen, ob Sie diese Übung überhaupt mitmachen wollen, werden Ihre Augen vermutlich nach links unten wandern. Das ist Ihre Ecke für innere Dialoge.*

Insgesamt gibt es die folgenden Blickrichtungen (die Blickrichtung ist stets aus Ihrer eigenen Sicht beschrieben).

- **Erinnern an Bilder:** Die Augen schauen nach links oben.
- **Erinnern an Töne:** Die Augen schauen nach links in die Mitte.
- **Konstruieren von Bildern:** Die Augen schauen nach rechts oben.
- **Konstruieren von Tönen:** Die Augen schauen nach rechts in die Mitte.
- **Innerer Dialog:** Die Augen schauen nach rechts unten.
- **Erinnern an Gefühle:** Die Augen schauen nach links unten.

Doch aufgepasst: Die Blickrichtung „links" für Erinnern und „rechts" für Konstruieren gilt nur für Rechtshänder. Bei vielen Linkshändern sind die Seiten vertauscht, auch bei unerkannten Linkshändern.

Eichen Sie also Ihren Gesprächspartner. Fragen Sie ihn zum Beispiel: „Was gab es denn bei Ihnen heute Morgen zum

Frühstück?" Falls dieser Mensch gefrühstückt hat, wird er sich daran gerne erinnern. Also wandern seine Augen zum Beispiel in die linke obere Ecke. Also merken Sie sich die linke Seite als Erinnerungsseite. Dann können Sie noch die Gegenprobe machen und stellen eine Konstruktionsfrage. Dafür eignet sich zum Beispiel. „Wie fahren Sie denn heute Abend nach Hause?". Da diese Frage in der Zukunft liegt, muss der Proband konstruieren und sollte in diesem Moment in die rechte obere Ecke schauen. Also kennen Sie jetzt auch seine Konstruktionsecke.

*Abb. 14: Beim Blick nach links oben wird erinnert.*

Egal, ob der Proband bei der Erinnerungsfrage jetzt nach links oder nach rechts sieht, diese Seite ist seine Erinnerungsseite. Dorthin wird er immer schauen, wenn er sich an etwas erinnert. Und die andere Seite bleibt die Konstruktionsseite. Das können Sie im weiteren Gespräch nun nutzen.

### *Auf kurze Blicke achten*

*Eine Komplikation beim Deuten der Blickrichtung besteht außerdem darin, dass Menschen nur ganz kurz in die jeweiligen Ecken schauen oder dass sie zum Beispiel vor dem Erinnern noch eine kurze Diskussion mit sich führen, wie wir das gerade geschildert haben. Dies erfordert eine gewisse Übung beim Deuten, zudem sollten Sie nie von einer einzelnen Beobachtung ausgehen, sondern auch hier wieder versuchen, die Dinge im Zusammenhang zu bewerten. Bei den meisten Menschen ist der Blick im Gespräch auf den Gesprächspartner gerichtet.*

*Der Blick in die jeweiligen Ecken dauert oftmals nur eine halbe Sekunde und tritt nur dann auf, wenn neue Aspekte ins Gespräch kommen. Diese Momente müssen Sie erkennen, wenn Sie damit arbeiten wollen. Allerdings befinden sich die Pupillen bei komplexeren Erinnerungs- oder Konstruktionsvorgängen bei vielen Menschen sehr oft in den entsprechenden Ecken.*

### Auf den Punkt gebracht

- Die Mimik können wir am leichtesten beeinflussen, wenn wir andere Menschen täuschen wollen. Dennoch verrät sie sehr viel.
- Der Blick in die Augen des anderen ist das stärkste Mittel, das wir haben, um Kontakt aufzunehmen.

- Wer den Blick in die Augen nicht halten kann, wirkt unsicher oder unaufrichtig.
- Wer die Augen zusammenkneift, will Dinge schärfer sehen. Oder wirkt misstrauisch.
- Wer die Augen weitet, will den Überblick – zum Beispiel beim Erschrecken.
- Wenn Menschen blinzeln, sind sie aufgeregt oder stehen unter Stress.
- Anhand der Blickrichtung können wir erkennen, ob sich jemand erinnert oder Gedanken konstruiert.

## Der Mund

Auch der Mund sendet zahlreiche körpersprachliche Signale. Der Kussmund beispielsweise sagt etwas ganz anderes aus als dünn zusammengepresste Lippen. Doch beides unterscheidet sich nur durch einige geringfügige Bewegungen der Lippen und der Muskeln rund um den Mund. Und ein Lächeln geht vor allem vom Mund aus. Die übrigen Gesichtspartien werden zwar mit einbezogen, doch ohne den Mund können wir nicht lächeln.

### Das Öffnen und Schließen des Mundes

Der Mund kann offen oder geschlossen sein. Wenn wir entspannt sind und uns sicher fühlen, sind wir auch bereit, den Mund zu öffnen. In einer solchen Stimmung können wir lächeln. Je mehr uns eine Sache emotional berührt, desto herzlicher wird unser Lächeln ausfallen. Es erstreckt sich bis zu den Augen und auf das übrige Gesicht. Bei einem richtigen Lächeln lächeln auch die Augen mit. Lächeln ist eine universelle Geste, die von allen Menschen auf diesem Planeten als Sympathie- und Entspannungsgeste verstanden wird. Wenn jemand vor Ihnen steht und lächelt, ist alles o. k.

! Lernen Sie, ein falsches Lächeln von einem echten Lächeln zu unterscheiden.

Doch aufgepasst! Es gibt auch ein falsches Lächeln. In diesem Fall beruht das Lächeln nicht auf einem vom Säugergehirn gespeisten positiven Zustand, sondern auf einem aktiven Befehl des Gehirns: „Lächle mal, damit der andere denkt, dass du ihn magst". Leider weiß unser Bewusstsein nicht, welche Muskeln es betätigen muss, um ein echtes Lächeln zu erzeugen. Es vergisst zum Beispiel die Augenpartie. Diese bleibt dann hart und kalt, das Lächeln erstreckt sich nur auf die Mundpartie.

### *Das falsche Lächeln*

*Den Unterschied zwischen einem echten und einem falschen Lächeln können Sie mit einiger Beobachtung schnell herausfinden. Natürlich unterscheidet sich ein „echtes" Lächeln auch durch die übrige Zeichenfolge vom „falschen" Lächeln. So sind im ersten Fall der Körper zugewandt, die Hände offen und die ganze Haltung entspannt. Beim falschen Lächeln finden Sie hingegen deutliche Anzeichen von Anspannung oder Zurückhaltung.*

Menschen, die im Gespräch spontan den Mund öffnen, wollen etwas sagen. Manchmal fühlen sie sich jedoch gehemmt und sprechen es nicht aus. Doch das Öffnen stellen Sie recht einfach fest. Wenn Sie ein solches Mundöffnen feststellen, können Sie Ihren Gesprächspartner ermuntern, seine Gedanken auszusprechen. Natürlich sollten Sie das nett formulieren.

Das Gegenteil vom offenen Mund ist der geschlossene oder sogar fest zusammengepresste Mund. Menschen, die ihren Mund die ganze Zeit über zusammenpressen, was auf Dauer zu dünnen Lippen führt, haben, sind häufig sehr zurückhaltend und äußern vor allem kaum Gefühle.

### *Stimmungen erkunden*

*Auch wenn Sie Menschen beobachten, die zum Beispiel am Rechner sitzen, können Sie aus der Stellung der Lippen Rückschlüsse auf die Stimmung ziehen, mit der der oder die Betreffende arbeitet. Menschen, die sich mit ihrer aktuellen Aufgabe schwertun oder durch diese gestresst sind, pressen häufig die Lippen zusammen. Wenn ihnen die Aufgabe hingegen Spaß macht, werden sie den Mund leicht geöffnet halten. Wer mit den Lippen sogar noch ein Liedchen pfeift, ist meist in guter Stimmung und verkörpert gelassene Entspannung.*

Noch auffälliger werden diese Zeichen, wenn jemand mit der Hand seinen Mund verschließt. Schlägt sich Ihr Gesprächspartner mitten im Gespräch auf einmal die Hand vor den Mund, wäre ihm fast etwas herausgerutscht. Er wollte etwas sagen, konnte es jedoch im letzten Moment gerade noch unterdrücken. Dumm nur, wenn Sie das bemerkt haben.

Denn Sie wissen jetzt, dass er nicht alle seine Gedanken frei äußert. Natürlich können Sie nachfragen und versuchen, doch noch an diese Information zu kommen.

Solche spontanen Äußerungen lassen sich kaum vermeiden. Das kann Ihnen unter Umständen auch passieren, vor allem wenn Sie sich in einer sehr angespannten Gesprächssituation befinden. Wenn Ihr Gesprächspartner nur seinerseits nachfragt, was Sie denn sagen wollten, können Sie schnell ein Problem bekommen. Entweder Sie antworten nun offen und ehrlich oder Ihnen fällt schnell ein Thema ein, mit dem Sie ablenken können. Doch die Information, die Ihr Gesprächspartner Ihrer Geste entnommen hat, steht im Raum.

Manchmal streichen sich Menschen mit der Hand auch einfach nur um den Mund, während sie sprechen oder zuhören. Dieses Zeichen sagt aus, dass sich derjenige gerade nicht äußern will. Doch sein Geist arbeitet aktiv und wahrscheinlich hört er Ihnen sogar konzentriert zu. Die Geste kann zum Beispiel bedeuten: „Ich bin ganz Ohr und durchdenke das Thema gerade, doch ich will mich noch nicht dazu äußern, weil ich mit dem Nachdenken noch nicht fertig bin." Geben Sie Ihrem Gesprächspartner dann diese Zeit. Wenn er etwas dazu sagen will, wird er die Hand vom Mund nehmen und einfach sprechen.

Allerdings kann es auch vorkommen, dass Menschen die Hand sehr häufig vor den Mund halten, während sie sprechen. Dies ist fast immer unbewusst und weist auf Probleme hin, sich frei zu äußern. Solche Menschen sind vielleicht gehemmt oder frustriert oder aus einem anderen Grund nicht zu einer klaren Kommunikation fähig. Meist nuscheln solche Menschen auch und sind nur schwer zu verstehen. Vermeiden Sie selbst solche Gesten. Sprechen Sie stets frei und lassen Sie die Hände vom Mund weg. Das irritiert Ihr Gegenüber und hinterlässt einen unklaren und meist auch negativen Eindruck.

## Das Kinn

Das vorgereckte Kinn steht für Angriffslust. Wer es nach vorne streckt, will angreifen – auch im Meeting. Wer es zurücknimmt oder senkt, gibt nach und ist defensiv. Im Volksmund gilt ein hervorstehendes Kinn als Merkmal von sehr durchsetzungsfähigen Menschen.

*Abb. 15: So sieht eine typische Angriffshaltung aus. Das Kinn ist wie der übrige Körper nach vorne gerichtet, auch die Füße wollen den vermeintlichen Gegner bereits attackieren.*

Wenn also Ihr Kollege bei der Abteilungsbesprechung das Kinn nach vorne reckt, wissen Sie, dass Sie sich warm anziehen müssen, weil gleich ein Angriff erfolgen wird. Das Gegenteil ist der Fall, wenn jemand seinen Kopf leicht senkt und sein Kinn damit zurücknimmt. Diese Geste ist defensiv.

Auch aus der Bewegung der Muskeln rund um das Kinn können Sie viel ersehen. Das Kinn ist mit den seitlichen Kaumuskeln verbunden. Wenn jemand diese anspannt, sehen Sie das am Kinn und an den Backen. Dieses Zeichen steht für Anspannung oder auch für Aggression.

Auch wenn jemand seine Zähne zusammenbeißt, verheißt das nichts Gutes. Darüber drückt er seine Anspannung aus. Sie kann natürlich verschiedene Ursachen haben: Entweder reagiert er auf eine tatsächliche oder eingebildete Bedrohung. Oder er durchlebt einen inneren Konflikt.

So oder so sollten Sie sehr aufmerksam beobachten, wenn Sie solche Anspannungszeichen bei einem Gesprächspartner beobachten und unbedingt herausfinden, warum er oder sie diese Zeichen zeigt.

### *Der Denker*

*Wenn jemand intensiv nachdenkt, stützt er das Kinn oftmals mit seiner Hand oder führt die Hand zum Kinn. Gehen Sie mit dieser Geste jedoch sparsam um. Wenn Sie mitten im Gespräch in anstrengenden Denkphasen gelegentlich dazu neigen, Ihr Kinn zu stützen, ist das in Ordnung. Doch manche Menschen machen daraus ihr Markenzeichen und präsentieren sich sehr häufig auf diese Weise.*

Meist wird diese Geste noch mit einer vorgebeugten und manchmal auch sehr lässigen Körperhaltung kombiniert. Sie hinterlassen damit jedoch den Eindruck eines zwar gründlichen und genauen Denkers, dem es jedoch an Tat- und Durchsetzungskraft mangelt. In Gesprächsrunden tun sie sich schwer, damit Menschen zu überzeugen und Ihre Ziele durchzusetzen. Denn wenn wir unser Kinn anstatt die Arbeit in die Hand nehmen oder es gar mit der Hand verstecken, bremsen wir unsere Tatkraft massiv aus.

## Die Nase

Vielen Menschen ist nicht bewusst, wie wichtig der Geruchssinn, der in unserer Nase sitzt, für uns ist. Viele Menschen nehmen Düfte nur dann wahr, wenn sie ein sehr schlechter Geruch massiv stört oder wenn sie ein sehr guter Geruch – zum Beispiel der nach Kaffee und frischen Brötchen am Sonntagmorgen – aus dem Bett an den Küchentisch treibt.

Gerüche sind die einzigen Sinneseindrücke, die ungefiltert von der Nase ins limbische System vordringen. Sie wirken dort sehr unmittelbar. Alle anderen Sinneseindrucke, vor allem die der Augen und der Ohren, durchlaufen unzählige Filter, ehe sie im limbischen System ankommen und dort Handlungen auslösen. Gerüche spielen beim sogenannten ersten Eindruck eine große Rolle: Wir entscheiden unbewusst auch aufgrund des Körpergeruchs, ob uns der andere sympathisch ist oder nicht. Die Redensart, jemanden „riechen zu können" kommt nicht von ungefähr.

Bewegungen, die mit der Nase zu tun haben, bedeuten daher stets eine Menge. Was bedeutet es denn zum Beispiel genau, wenn jemand die Nase rümpft? Ihr Gegenüber ist in diesem Moment irritiert. Entweder hat er wirklich einen schlechten Duft wahrgenommen, oder er verbindet die aktuelle Gesprächssituation in seiner Vorstellung mit einem Duft. Sein Unterbewusstsein hat viele Erinnerungen an Düfte abgespeichert, doch wir achten kaum darauf.

In jedem Fall stimmt etwas nicht, wenn jemand die Nase rümpft. Manchmal passiert das nur für eine Sekunde und gibt Ihnen einen Hinweis darauf, dass Ihrem Gesprächspartner an der entsprechenden Stelle im Gespräch etwas nicht passt.

Gleiches gilt, wenn jemand die Nase zwischen seinen Fingern reibt. Auch das weist stets auf eine Störung im Ablauf oder einen irritierenden Sachverhalt hin. Das Reiben der Nase ist jedoch ein sehr viel schwächeres Signal als das Rümpfen der Nase.

Sie sollten allerdings nicht jedes Mal, wenn sich Ihr Gesprächspartner mit seiner Nase beschäftigt ist, denken, dass Ihr Gespräch gerade scheitert. Denn oft werden diese unbewussten Bewegungen auch von Gedankenketten ausgelöst, die nicht unmittelbar mit dem aktuellen Gesprächsinhalt zusammenhängen. Oder es ist eine Übersprungshandlung, die eine ganz andere Ursache hat. Außerdem kann die Nase auch schlicht und einfach mal jucken. Doch wenn die Geste häufiger auftritt, kann es sinnvoll sein, nach der Ursache zu forschen.

## Stirn und Augenbrauen

Neben den genannten Körperteilen sind außerdem die Stirn sowie die Augenbrauen sehr aufschlussreich, wenn es um das Erkennen von Gedanken bei einem Gesprächspartner geht.

Die Stirn „in Falten legen" steht schon sprichwörtlich für angestrengtes Nachdenken, verbunden mit Sorgen oder einem nervösen Gefühl. Doch gerade beim Stirnrunzeln ist der Zusammenhang extrem wichtig. Denn es kann sehr unterschiedliche Ursachen haben.

*Abb. 16: Wer die Augenbrauen runzelt oder stark zusammenzieht, konzentriert sich sehr intensiv und hört aufmerksam zu. Dieses Zeichen ist kein Ablehnungszeichen, auch wenn es manchmal danach aussieht.*

Menschen, die sich in unangenehmen Situationen befinden, runzeln die Stirn. In einem Gespräch kann dies der Fall sein, wenn der Gesprächspartner ein Problem sieht, sich in die Enge getrieben fühlt oder unangenehme Gedanken oder Assoziationen hat. Um was es sich jeweils handelt, müssen Sie durch Nachfragen oder Bewerten des übrigen Zusammenhangs herausfinden.

Stirnrunzeln kann jedoch auch ein Zeichen für starke Konzentration sein. Menschen, die sich sehr anstrengen müssen, Ihnen zu folgen, werden die Stirn ebenfalls in Falten legen und dabei vielleicht auch noch die Augenbrauen stark zusammenziehen. Lassen Sie sich daher durch diese Geste nicht irritieren, sondern beachten Sie den Verlauf des Gesprächs, um die Ursache zu ergründen.

**Auf den Punkt gebracht**

- Ein Lächeln kann falsch oder echt sein.
- Wenn jemand spontan mit der Hand den Mund verschließt, will er etwas zurückhalten.
- Wer sein Kinn nach vorne reckt, will angreifen.
- Wer die Stirn in Falten legt, denkt nach. Doch auch wenn Menschen über wichtige Dinge sprechen, legen sie die Stirn in Falten.

## Die Autoren

Caroline Krüll leitete eine Werbeagentur, bevor sie ihre Karriere als Coach und Speakerin startete. Sie coacht und trainiert seit über 15 Jahren Führungskräfte und tritt vor allem als prominente Rednerin auf hochkarätigen Firmenevents auf. In ihren Vorträgen und Coachings demonstriert sie gelebte Körpersprache und zeigt ihren Kunden, wie diese optimal auftreten. Mehr unter www.caroline-kruell.de.

Dr. Christian Schmid-Egger ist Kommunikations- und Managementtrainer. Schon lange interessiert er sich für Körpersprache und vermittelt dieses Wissen in seinen Seminaren und Vorträgen. Dr. Christian Schmid-Egger lebt in Berlin. Mehr unter www.schmid-egger.de.

Impressum:
Verlag C. H. Beck im Internet: www.beck.de
ISBN Print: 978-3-406-73455-7
ISBN E-Book: 978-3-406-73456-4

Wilhelmstraße 9, 80801 München
Satz: Fotosatz Buck, 84036 Kumhausen
Druck und Bindung: Beltz Bad Langensalza GmbH
Am Fliegerhorst 8, 99947 Bad Langensalza
Umschlaggestaltung: Ralph Zimmermann – Bureau Parapluie
Umschlagbild: © Jenny Sieboldt Fotografie
Photos: © Jenny Sieboldt, Berlin, www.jenny-siebold.de
Gedruckt auf säurefreiem, alterungsbeständigem Papier
(hergestellt aus chlorfrei gebleichtem Zellstoff)